微信扫一扫，关注云南团委微信矩阵！

听云南最青春的声音

云南共青团
学校战线信息发布、
工作交流、经验分享

纵然有忐忑·我们一起行

如有疑惑问大叔
真人在线答疑
扫码就问

想学知识找大叔
天天干货推送
扫码就学

想马上问？
新浪微博关注@秋叶
私信或艾特大叔吧！

不要等到毕业以后

最新修订版

张志 ◎ 著

九州出版社
JIUZHOUPRESS

为什么我们做选择那么难？ ／ 前　言

我不是人生导师。

从2008年到现在，我一直坚持用"秋叶"这个网名在博客、微博、微信等新媒体平台回复来自全国大学生的问题。其中很多问题每年被一遍遍问起：比如不喜欢现在的专业怎么办？该不该考研？该不该听从父母的安排报考公务员？害怕找不到好工作怎么办？不喜欢现在的恋人了怎么分手？喜欢Ta能主动追吗？

我发现大学生朋友最大的困难在于无法为自己的命运做出独立的选择。

不会选择，不敢坚持选择，不断选择，这样的年轻人从大学毕业进入职场，还是会纠结，还是要浪费很多时间迷茫。

有没有什么方法能高效地帮助到他们？年轻人需要的是一位能真

正帮他们打开思维的老师，而不是让人盲目崇拜的导师。作为一名老师，我想为他们提供一些方法和思路，让每个人开始行动。

我没有标准答案。

本书中的建议未必最适合你，也未必是最好的方法。

对于没有方向的大学生只提供方向是不够的，还得提供方法，否则，他们会因为没有实际进展而陷入更深的迷茫中。

对于缺乏思路不会选择的人，提供一种可选的行动方案是必要的。只要你们尽早开始行动，就会很快找到适合自己的那条路。

我想分享给大家一些实用具有操作性的方法，这些方法不仅仅适合学习，也适用于生活，将来进入职场，就会起到很大的作用。

我的书不是一本心灵鸡汤。

给大学生写书是一件很纠结的事情，因为我不知道有多少大学生爱读书，那些爱读书的大学生是不是更喜欢看一些"轻松"或者"实用"的书。

努力把书写得接地气吧，怕又变成讨好人的俏皮话，见不到实效；把书写得稍微专深一点，又怕同学们觉得学起来太累而放弃。

可浅显的思考不一定会使你改变，除非你先进行有效的思考，然后采取有效的行动，并不断反思行动的成效。

写这本书，我给自己定下了一个非常有挑战性的任务：

让一个人受到刺激是不够的，还得让他学会有效的思考；一本

书只让一个人陷入思考是不够的，还得让他开始采取切实的行动。

要学会一样技能，最好的方法是坚持，最大的障碍是耐心。但是对于年轻的朋友，他们最大的困难不是不愿意改变，而是不知道从哪里入手。

这本书围绕大学生最关心的十个话题展开来写，每个话题都给大学生提供了实用的思考方法和行动方案。

本书的每个话题我还提供一个具体的动手建议，希望大家能依据书中的建议，参考这些方法，对照自己的实际情况练习。

记住，看书不能改变现状，思考也不能真正改变现状，真正能改变现状的是经过思考的行动！

我是2009年2月才开始认真做PPT的，之前做了十年的PPT，依然停留在套用模板的阶段，到了2010年却被很多人称为PPT高手。很多人问我如何才能成为PPT高手，答案很简单：坚持每天都动手训练啊！

其实，你和高手之间的距离只差了一个行动。

在每一章的结尾处，我给大家分享一个普通大学生的故事。希望他们的故事可以启发你行动，每天进步一点点。

为了更好地回复大学生们的问题，我专门开设了一个微信公众账号"秋夜青语"。在本书出版后，全国已经有超过100000名大学生通过这个平台向我提问。大家的提问，我都会尽力一一解答。

其实，微信公众账号有很多有趣的玩法，比如现在，请你拿出手机，扫一扫二维码，关注我后，文字回复"胡适"两个字，就可以看到一篇胡适在1932年写的《赠与今年的大学毕业生》。本书有很多处都设置了微信回复关键词。

这里的微信统一指"秋夜青语"这个账户（微信号qyxoxoxoqy，也可以直接在"查找公众账号"中搜"秋夜青语"找到我的微信）。

本书的一个创新之处，在于为每个话题设计了一个训练题目。我鼓励大家把训练心得写成长微博分享，形式可以是文字、手绘、PPT等等。发好后请在微博@秋叶 ，写得好我会转发。建议统一加上标签"我要行动"以便于搜索。想看其他大学生写的长微博，请在本书配套微信"秋夜青语"里回复关键词"我要行动"，就能看到超过35篇的长总结，期待你的文章被选中分享。（如果关键词没有弹出反馈，可能是遇到网络堵塞，不妨再试一次）

希望你的微博被我转发后，更多的大学生朋友能和你一起思考、行动。你会发现，找到好同伴一起进步，会加速你的成长。

这也是我写这本书最大的期待。

目 录 》》

Part 1
专业和职业

谁说一个人的自我价值只能通过选择的专业来实现？专业、选择、兴趣，这些都只是实现人生梦想的一座桥梁而已。在大学，读什么专业不是最重要的，最重要的是学会独立学习，把知识转变成个人的能力。

专业好才能就业好？

我本科毕业已经18年。这么多年过去了，家长们对选专业的认识没有什么改变。很多家长为了让孩子能读上一个好专业、将来好就业而付出了巨大的努力。这种心态和孩子上小学时为他争取一个好座位的心态类似。

没有人能准确预测未来，企图用一次选择锁定成功的人，不过是想用固定的坐标寻求安全感。愿望是良好的，但现实将会是残酷的。

我想告诉大家几个事实：

1. 很多专业名称很好听，但就业率却很低。

2. 绝大部分大学生没有真正了解自己就读的专业。

3. 毕业后换专业甚至跨专业找工作的人越来越多。

当年，我高考成绩出来后，也是父母帮忙选的专业。

父母是医生，他们觉得做医生太辛苦，希望我不要做医生。这大概是很多父母的通病，觉得自己的职业很辛苦，便希望孩子不要从事自己的职业。

　　我是1993年参加高考的，这一年正是邓小平同志南方谈话后经济大发展的一年，钢铁行业正红火。父亲当年读了冶金中专，因为"文革"，中断学业下乡转行做了赤脚医生，于是，父亲替我报选了当时的武汉钢铁学院（现武汉科技大学）。这大概又是很多父母的通病，因为自己人生有遗憾，潜意识里便希望孩子能实现自己的梦想。

　　其实，我父母的想法很简单，专业好才好就业。读钢铁学院容易进大钢厂工作，将来一辈子有保障。另外，父亲的一位老同学也在钢厂，也许还可以利用这层关系。

　　毕业后，我的发展和父母的规划全然不同。我没有去机械行业，而是应聘到武汉一家IT公司做软件实施项目经理，后来又跳槽进了大学教机械制图（这倒是回到了本行），再后来又因为玩PPT混得一点名声，在外面写书培训，甚至还与人合作出版了两本讲微博、微信新媒体营销的书。

　　人生、事业跨度大的人非常多，我的大学同班同学都是学机械的，现在从事与机械相关工作的人却不到一半。

　　我的好朋友@古典　老师，出版了畅销书《拆掉思维里的墙》。他现在的身份是新精英生涯总裁，帮助很多人进行职业规划。1997年，古典老师并没有如愿考上北京航空航天大学，而是考进了湖南大学建筑工程系。毕业后半年，他辞去了一份在某著名建筑事务所的工作，选择去新东方做了一名英语讲师，现在又成为了一名职业规划师。

　　我的另一位好朋友@萧秋水　老师，现在的身份是独立讲师和顾问。她大学学的是旅游专业，毕业后却进入银行工作，然后又跳槽到深圳成为金蝶软件公司的员工。经过金蝶软件公司的历练后，她成为了一名知识管理和网络运营专家，并且能够依靠自己的专长写书和培训。

我学的是机械工程，古典老师学的是建筑工程，萧秋水老师学的是旅游专业，这些专业都是当时的热门专业，但是我们后来都换了专业，选择了其他的职业发展方向，而且都发展得不错。

谁说一个人的自我价值只能通过锁定选择的专业来实现？专业、选择、兴趣，这些都只是实现人生梦想的一座桥梁而已。大学专业是人在职业领域的初步定位，并不能完全决定你未来的就业选择。

在大学，读什么专业不是最重要的，最重要的是学会独立学习，把知识转变成个人的能力。

我想推荐一本书，大前研一的《专业主义》，这里面的观点值得大家思考。

■ 实操训练 ■

一张表帮你分析你的专业

很多大学生并不真正了解自己的专业，你可以试试下面的方法。

通过关键词找到这个行业的网站，再找到这个行业的期刊报纸，然后通过期刊报纸上的曝光率找到这个行业里面的名人，加入他们的虚拟社区，结识可以沟通互动的草根网友，了解圈子内的文化后慢慢通过社交媒体找到和行业内强人互动的渠道。这样的方法，不只是可以用在分析大学专业上，还可以通过这个训练学到一点高效搜索和整合情报的方法。

表一：了解你的专业名称		
行动	**回答**	**进一步行动建议**
百度百科你的专业名称	记下好的推荐网址	里面有哪些专业术语你不懂？搜索百度百科
搜查哪些大学开设了类似专业	记下你找到的代表高校	搜集相关的高校教务处和对应学院官网
查阅你的大学专业课目和教学大纲	哪些专业课程是必修或选修	了解三个一本院校同类专业课程的设置，有何不同
查找专业课程精品课程网站	记下精品课程专业课名单	查找同类学校的课程网站资源
查找三本专业核心期刊	记下期刊的名单	能否确定这个专业方向有哪些高校或有哪些导师在国内有影响力
有没有专业报刊	记下报纸的名单	确定图书馆有没有订阅
有没有介绍你专业的书籍	记下书单	去图书馆借阅或者网购
请老师提供一份专业书单	记下书单	去图书馆借阅或者网购
查找你们专业有哪些奖学金	记下奖学金助学金清单	了解申请的门槛
找老生了解专业考研情况	记下最近三年本专业考研比率和最主要的原因	了解老生考研的专业方向和报读高校，以及理由
找到你所选择的专业领域里三位成功人士	记下他们的名字	找找看有无他们的传记
找三个专业论坛或者博客	记下它们的名字	注册，并花一点时间了解
找到三位你所选择的专业活跃微博用户	记下他们的微博名	翻翻他们的微博关注
在贴吧、人人网里找到你所选择专业的就业话题	记下优秀的文章网址	加入讨论，启发自己更多思考

我想换一个自己喜欢的专业

最近几年很流行电视达人秀比赛，比如"中国达人秀""中国好声音""我是歌手"。很多人能走上这类节目，是因为他们的心里都有一个梦想。

很多大学生在学校浑浑噩噩过日子，他们的理由是，目前所学的专业自己并不感兴趣。他们会说假如我读的是喜欢的专业，肯定会努力。

我在大学听到很多学生以不喜欢专业为由，不好好学习，以致荒废学业和虚度青春。我深感痛惜。

真正的梦想是经过现实无情打击后，却依然愿意去相信、去坚持的。那些让大家感动落泪的参赛选手，哪一个是一帆风顺的？其实，之所以能赚到你的眼泪，是他们在打击面前选择了坚持，而你选择了放弃。

如果只一味地抱怨专业，为自己的懒散、不求进取找借口，我只能说，你真的错了。

什么是专业？专业是将来走到社会上能够让自己生存的一技之长。

专业不等于爱好，也不等于毕业证。所谓专业，就是不管你是否喜欢它，都必须经过大量艰苦的专业训练才能成为"专"才，然后靠它就"业"。

要知道，把自己的爱好当工作对99%的人来说是一种奢望，最现实的选择是通过大学四年学习让你拥有一技之长的技能。一个人只要有了一技之长，就能立足社会，将来找到适合自己个性发挥的空间机会就会很多。

还有同学说自己已经很努力地学习但没有成效，是不是不适合目前这个专业？很多书都强调要成功就必须充分发挥自己的优势，假如没有特别的天赋，是不是应该尽快换一个专业？

我其实不喜欢机械专业。如果谈营销策划，谈广告文案，谈PPT制作，谈项目管理，谈时间管理，我都自信可以成为一流高手。在机械领域，我只能说自己很平庸。但正是这份平庸的技能帮我谋得了一个大学教职，使我慢慢有了空间去发展自己真正的爱好。

大学里的专业学习，好比学做饭，只要肯学都能学会。除非你要成为顶尖级的大厨，才需要点厨艺天分。

除了个别专业，当今大学里面的功课，并不要求你有多么高的智商和天赋。

抱怨自己很努力却没有成效的同学，也许要反思一下，真正的问题不在专业，而是你根本没有适应和掌握大学的学习方法。

绝大部分"天才"是经过艰苦的专业训练后拥有特殊技能的

人。其实，最好的天赋也需要不断修炼才能成器，"勤奋+坚持"是打败天赋的最好武器。

还有的同学担心自己的专业是冷门专业，就业困难，是不是应尽早调换其他专业？这个问题是客观存在的，大学里也有换专业的空间。

但是我要提醒大学生朋友，在换专业前需冷静思考三个问题：

第一，你了解自己的专业吗？

第二，你了解自己想调换的专业吗？

第三，你想过十年后社会更需要哪种人才吗？

当然，我不建议大学生强迫自己去学自己完全没兴趣的专业，我只是提醒，在说爱或者不爱一门专业之前，至少要能说出这个专业是学什么的，将来能够在哪些行业、哪些岗位，发挥怎样的作用。假如对这个专业一无所知，那为什么这个专业适合或者不适合你？无论理由是什么，都显得苍白。

在了解专业后，先试试能否培养出你对专业的热情。任何行业做到精深，都不愁就业，也不缺成就感。

我喜欢的态度是：**先做出一流的事，自然拿一流的回报。**

在这里提醒大家，冷门专业也许意味着竞争对手少；也许是未来社会的热门专业。

选择所谓的"好"专业，也要考虑将来尽可能利用你家庭的人脉资源。没有背景的人，选择一门相当艰苦、技术含量高的专业，将来总可以靠它吃饭。

建议大家看一段@罗振宇 的视频《罗辑思维：夹缝中的80后》，一定会有收获。

■ 实操训练 ■

绘制你所在学校换专业的流程图

现在大学大都提供调整专业的机会，不同的学校有不同的规定。如果真的想明白需要调整专业，那么决定转专业之前，你应该弄清楚相关流程。

在启动任何工作之前，尝试画出整个事情的流程图（见图一）。只有这样，才能准确地判断出其中的关键环节，为不可预测的挫折做好足够的心理准备。

好的流程图，除了让人了解各个阶段的衔接顺序，还应让人了解这个过程中传递的信息。如每个阶段负责人是谁，需要满足怎样的条件才能进入下一环节，每个环节有无资金或其他的特殊要求等等。

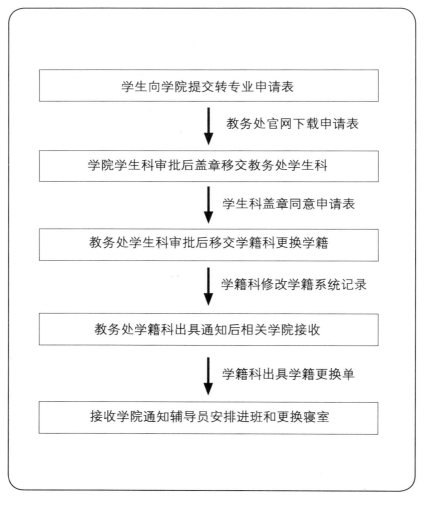

图一 转专业流程图（仅做示范参考）

我们能够又通又专吗？

我领过报酬的工作包括大学老师，IT管理软件实施顾问，网站编辑，网络营销顾问，IT培训行业主管，机械设计师，企业内训师。我已经出了十二本书，大部分都卖得不错；我还创过业，开过两家公司，不过都关门了。

很多人会问："秋叶，你到底是干什么的？""秋叶，你到底想干什么？"

还有人问，现实中做出非凡成就的人不都是专注于某一行业吗？人的精力是有限的，只有专注才能成功，而你却在每个领域做得不错！你是怎样处理好"通和专"的关系，这不会是有特殊的天赋吧？

没有什么天赋，只是我比一般人勤奋，做到了别人想做但没有做到的事情。

首先要说的一个事实就是：这个世界上的确存在一种人，他不光是通才，而且在每个领域都是一等一的人才。比如达·芬奇，是画家，还是科学家，文学家。在我的微信里回复"达·芬奇"，可以看到一篇关于他的详细介绍，你就知道，什么叫真正的大牛。

人在一生中通晓几个领域是完全可能的，通才让你获得不一样的知识，让你做人做事不拘一格，常出奇招，却合情合理，用现在的流行词来讲叫"跨界"。

跨界并非大家想象的那么难，这辈子完全没有跨过界的人很少，很多普通人跳槽的跨度比我还大。真正的问题是跨界后，如何才能做到游刃有余。

我的看法是：**在走向通才的路上，得先在某个方向成为专才。**

早年我花七年的时间做项目经理，从中学到很多处理问题的方法。这个世界上问题的解决模式无非是"老问题老办法，老问题新办法，新问题老办法，新问题新办法"这四种。等进入其他领域后遇到问题时，我会试着用过去学习到的方法去解决，大部分效果还不错。

别人奇怪为什么我在新领域学得快，其实，我的大脑不过在调用过去已经熟练掌握的重复性框架。

这也是会读书和不会读书的人的区别。会读书的人看懂别人思考的框架，不会读书的人记住别人思考的结论。

因为很多行业的业务流程和工作方法是可以套用的。比如，一个好销售员绝不是只能在一个行业做销售，一个技术人员也不是只能设计一种产品，一个管理者也不是只能管理一类公司。

有的思考框架大家都知道了，意味着同样的武器大家都掌握了。此时，你又要发现新的方法，这需要不断改进思考框架。

好比分析股票的一个软件大家都在使用，这个软件的边际效应就在递减。赢家永远是采取新规则的，世界就在这样动态对抗中不断进步。

所以，不要因为某个框架在某些领域证明很成功就形成对它的依赖。我很喜欢卡斯帕罗夫在《棋与人生》中的说法：当你依赖某种模式获得巨大成功时，它就成为你最大的弱点，你看不见，但你的对手看得见。

我现在的习惯是为自己的大脑多贮存几种框架，遇到事情时，用不同的框架对比思考，这样更容易做出更好的选择。冯仑说过一个人要做大事业必须会说四种话："官员的话，学者的话，商人的话，江湖的话。"四种话，就是四种话语结构。如果你有训练这些讲话的模式，那么与人沟通起来更顺畅。

任何行业的思考模式都需要学习。学习一个思考框架要经过"摸索→模仿→记录→表达→复用→优化"六个阶段。

一开始在自我摸索中遇到困难，人就会观察别人的做法并加以模仿。如果只是模仿不去总结，就会停留在表面的层次。所以，管理学要求把你实践过程中的行为、数据和经验记录下来，慢慢地，这些记录的内容，就会变成你的财富。这时，你可以把经验分享给别人，这就进入表达的阶段。

一旦其他人借鉴你的思考框架，那么你的思考框架就证明是可以复用的好框架。这不仅仅是你个人的经验，还可以成为组织的经验，大家可以一起持续优化和完善它。

建立思考框架的方法，对大学生而言不妨开始学一点思维导图。思维导图并非是万能的，但作为一个入门级的思维工具，很适合大学生学习。很多职场人士很喜欢用思维导图沟通，提前掌握这门武器，将来在职场是会加分的。

想学习思维导图，百度"思维导图"，或者看看思维导图发明者博赞兄弟写的《思维导图》一书。

■ 实操训练 ■

你是如何为书籍分类的？

有一天，你发现书柜里的书太多了，请问，怎样分类才能既便于查找又便于归类？能想出五种以上为书分类的方法吗？

再想一想这种分类的方法可以应用到衣服分类、朋友圈分类和时间管理上吗？

现在尝试把你最擅长的一件事情，画成一个结构化的思维导图放到网上分享。比如，画一个组织班级春游或组织班会等方面的思维导图。

培养一种终身受益的兴趣

我经常收到大学生的来信，说自己的性格和专业不搭。有趣的是，大部分人都说自己喜欢接触新鲜的东西，喜欢旅游，喜欢和不同的人沟通，所以，不想做沉闷无聊的技术工作，想找到更能发挥自己特长的工作。

希望从事的职业是自己感兴趣的，我年轻时也这样想。**等工作后才明白，能够把兴趣当职业的人少之又少，毁掉兴趣最有效的方式就是把它变成工作。**

我有一个做销售的朋友，总是拉我和他合伙做事情赚大钱。我这兄弟会唱歌、会喝酒、会跳舞、会打麻将。只是现在他把这些特长变成了应酬技巧，把兴趣和赚钱扯在一起，如果赚不到钱他就没兴趣。你看我这朋友就是一个反例，把自己的兴趣和工作结合在一起，结果兴趣就毁了。

其实，不管是学习，还是工作，80%的时间是在做简单重复的事情。重复、单调没有变化的生活会让人抓狂。所以，我们需要找一点别的快乐来平衡这种生活，这种平衡往往来自一样可终身坚持的爱好和兴趣。没有这种平衡，每天只是学习工作，你不会觉得幸福。

工作能带来收入、地位和名声，但不能给你带来幸福感。如果在工作以外能培养一种可以长期坚持的兴趣，那么，在压力大的时候，就会找到属于自己的排遣方式。通过自己的兴趣认识新的朋友圈，谈不一样的话题，了解不一样的人生，发现不一样的世界，不需要那么功利，也不需要那么费心，所有的投入都是你自己的心甘情愿，这个时候，你会发现自己多了很多快乐。

发展和职业不一样的兴趣对职业也会有帮助。

爱因斯坦是大物理学家，他的业余爱好是拉小提琴。很多人的兴趣都和艺术、体育、文学相关，这些领域的兴趣往往能激活人的右脑，培养人的创造性思维，使人能在工作中更好、更有深度地思考。

进入职场后，兴趣也许可以成为你组织活动的特长，也许可以成为结交人脉的最佳名片。兴趣的交往往往少了很多功利心，反而能帮你带来更多的机遇。

有时候把兴趣玩出名堂，兴趣也可以变成职业。

有个男孩很喜欢玩肥皂泡，长大后，他在业余时间就去做肥皂泡魔法师，每天接到很多邀请去各种场合表演玩肥皂泡。他的兴趣给自己带来了机遇，也给别人带来了快乐。

但是，我希望大家培养的兴趣不是想着把它变成功利性的武器，而是让我们在平凡的生活中找到属于自己的快乐。

有本书很好玩，叫《黑客与画家》，去看看，会让你产生很多不同的思考。

■ **实操训练** ■

你的兴趣是什么？

　　这个世界上的人很多，每个人的个性和特长都不同，有的人喜欢动，有的人喜欢静；有的人喜欢热闹，有的人喜欢宅居。不管是哪种人，你都可以培养在某个方向的兴趣。

　　现在，把你想培养的兴趣写下来，去搜索有无类似的爱好者网站或者社区，加入他们，一起去玩，说不定这些爱好能让你成为某个领域的行家呢！

　　比如说你喜欢摇滚乐的话，不妨了解下"迷笛音乐节"（Midi Festival），这是由北京迷笛音乐学校创办的国内第一个原创音乐节，已经有十多年历史。迷笛又被称为中国的"伍德斯托克"，非常欢迎大学生乐迷和志愿者加入。

本章
推荐

@小巴_1990　的故事

　　@小巴_1990　是河南省南阳师范学院思想政治教育专业（师范类）的大三学生，学校似乎不太有名，据说这个专业毕业后最对口的岗位是初、高中的政治老师。

　　小巴刚踏进大学时心里很失落，眼前的学校与自己想象中的大学差远了，专业也不好。但他坚持隔一段时间就给自己写一篇总结文字，然后发在QQ空间和微博。没想到这个习惯却给他带来一个新的圈子。

　　小巴第一次在微博上发长文是因为帮一个同学修改迎新晚会PPT。作品在一天内做好并得到对方认可，于是他想："我能不能以心得总结的形式分享自己的制作思路，授人以渔而不是授人以鱼？"于是他写了一篇文章《搞定五大问题帮你一天做好一个PPT》发到新浪微博，发微博时顺便@了PPT圈的几位高手，没想到竟然得到@秋叶语录　老师的鼓励："非常好的制作总结，做PPT不在多，在于思考和总结才能提高得快。"

　　这次经历激发了他写长微博的兴趣。

　　2012年元旦，小巴到卖场做临促——卖笔记本电脑。做临促通常被认为是打酱油的，小巴并不是这样想，他非常用心，和其他三位店员创下了一天卖掉36台笔记本电脑的最高销售纪录。回到学校，他马上从卖场、厂家、常促、临促这四个角度谈了自己的一些感想。没想到竟然获得微博大V@数据化管理　的转发评论鼓励，随后电信全国市场部经理粉了他的微博，鼓励他尝试手机的销售。

这些经历与小巴的专业似乎都不相关，他的同学也很不解，觉得他是做无用功，对找工作有什么帮助呢？

寒假时，秋叶老师建议小巴：你其实适合做管理，为什么不发挥自己的优势呢？

在秋叶老师的推荐下，小巴开始看"管理圣经"《哈佛商业评论》杂志中的100篇经典文章，并尝试通过自己的理解将大篇的文字转化成读书笔记、思维导图、PPT等形式分享到网上。没想到第一篇文章转发量竟然破千条，更让人惊喜的是，@哈佛商业评论官方微博竟然转发了小巴的作品，并私信联系他："请告知您的相关信息，我们将为您寄送最新一期的杂志。"

再后来，《哈佛商业评论》的前主编邀请小巴到他的创业公司做暑假实习生。要知道，这公司招聘的实习生都是北京大学、复旦大学等名校的本科生、硕士生。

一个不知名的二本学校的普通学生，完成了一次漂亮的逆袭，这个故事对你有启发吗？

Part 2
读书和学习

无论在现实中遭到怎样的境遇，我还是鼓励朋友们保持读书的习惯。因为读书的根本目的是为了让自己明白世界，看清自己，让自己在无所依靠或者无所事事的时候，有一种严肃的力量推动着你往前走。

学会自学才算读过大学

有的学生说在大学要好好玩，也有人说读大学的目的很简单：中国社会认文凭，不就是混张文凭，用这块敲门砖就业吗？

读大学拿文凭是必需的，但这还远远不够。假如花费那么长时间和那么多金钱，只是为了拿一个文凭，这个大学读得根本没价值。

中国近代史上有名的"五四"运动最有价值之处不仅是提出"民主和科学"，而且希望每一个青年都能有"独立之精神、自由之思想"。

陈寅恪在王国维纪念碑上提出的这句话，应该值得每个青年人深思。上完大学，不一定能生活得很好，但将来的生活质量，一定和你有没有独立思考能力有关。

在中国，学会独立思考，自主行动，摆脱依赖，实现自我，比获得文凭更难。我的建议是，要学会独立思考，不妨先从学会自学开始。在大学学会自学，是人一辈子最重要的能力之一。

培养自学能力，必须对知识进行一个分类梳理，不同的知识有不同的学习对策、不同的自学方法。

我把在大学要学习的知识和技能分为共性的知识、思考的方法、通用的能力三类。

大部分工作都要借助营销、传播、心理学、管理学、社会学、历史等知识，我把这些叫共性的知识。无论你将来从事什么行业，这些知识都用得上。

看到很多毕业生非常纠结地想通过考研换专业，想通过求职去转行业。我很想告诉他们，这行不通。不是因为专业技术多难掌握，而是他们的思维方式太窄和知识面不够广。

可惜，中国的大学普遍重视专业教育，忽视通识教育。如果你想将来在不同行业求职时能多一点机会，大学时期要主动多读书。

共性的知识在大学阶段未必有足够的时间去实践，你可以通过广泛地阅读，笔记积累，争取将来在实践中加以运用。等参加工作后，遇到难题，过去积累的知识，真的会帮你突破困境。

大家可以多读西方的经典著作，如果英语好，直接看原版，还能锻炼你的外语能力。

有了一些知识贮备不代表你就具备解决问题的能力。有些人能解决问题是依赖流程和规定，假如出现新情况他就会缺乏对策。**我讲的"思考的方法"就是要求你在面对新问题时能提出合理的行动对策。**自学也好，老师教也好，都要学会这种思考的方法。

如果遇到我没有研究过的领域，我会使用"分析背景→找准问题→提出对策→建立行动→效果评估"的套路去思考。

顺便说一句，对于大方向非常清楚的问题，我常用的工作模式是：定义一个清晰的目标→对比各种可能的策略→落实详细的行动计划→寻求合适的资源完成→监督和验证计划效果并动态调整。

下面以建设"秋夜青语"微信账号的过程为例，说明一下这个思路。准备运营微信时，我的微博已经玩得不错，粉丝不少，那么如何在最短时间内让微信公众账号拥有一定规模的粉丝呢？

【分析背景】能复制微博的加粉方法吗？

我的微博是通过分享干货、有奖转发等方式加粉的。我仔细研究微信公众平台和微博后，发现这两者不同之处在于微信没有传播性，如果通过微博的加粉策略玩微信，只怕是事倍功半。

微博的缺点是信息刷屏量大。比如我给大学生做的分享，经常在很短时间内就被刷屏秒杀了，所以，定位明确、内容专注、为某一类特定人群提供服务，让大家需要这种服务才愿意关注你的微信是可行的。

【找准问题】我能提供什么服务内容？

经过分析后，在推广微信时我给自己提出问题是：我能提供的什么服务是大学生们需要的？是别人无法复制的？

【提出对策】用什么策略推广最有效？

一旦能够找准问题，找到成本最低或者最适合自己的解决问题的思路就非常关键，这就是提出对策。

推广微信，普通人的做法是，推出有吸引力的核心服务，然后不断宣传吸引粉丝关注。但是微信一天只能发一条信息，如果大家进来发现没有什么内容可以读，也许很快就会取消关注。

特别是对于没有品牌没有影响力的微信，靠宣传一个所谓的好服务就想吸引人大量关注是很难的。所以，我这个"秋夜青语"微信一开始的推广策略是不着急加粉，只发展一批核心粉丝关注，然后先推送一批文章，这样新粉丝关注后就可以按提示，利用智能检索阅读更多内容。一个微信能吸引别人停留的时间越长，就越可能吸引他们留下来关注。

你看微信推广至少有两种策略：一种是先宣传再推出服务；一种先贮备内容再宣传推广。其他的工作也一样，绝对不会只有一条路可以走。

【建立行动】马上把想法变成行动计划

我的微信2013年计划是分三个阶段：

准备期：贮备一批可以发布的高质量原创文章。我找了一位大学生培训，负责账户的日常维护，使我能集中精力回复问题。

预热期：利用三个月时间通过博文推广和高校讲座吸引一批粉丝互动，了解粉丝的喜好，慢慢找到粉丝最喜欢的互动形式。

推广期：结合2013年下半年这本书的发行，响应读者的问题，借助书籍发行渠道推广。

【效果评估】我的行动真的符合预期结果吗？

想知道你的计划是否有效，得设置一些检查的标准。到了约定的时间点，对照检查标准，发现问题并及时调整。

我的微信就是提前设置好发布的文章，然后每天按计划时间发布，发布后第二天评估微信的粉丝留言和退订的情况，不断调整推送策略。

每隔半个月，我会总体评估一下，想想哪里做得好或者不好，能否有更好的方法？如果有更好的想法，我会调整计划，甚至是策略和目标。

让人遗憾的是，很多大学生朋友书读了不少，但始终没有建立起自己解决问题的通用框架，结果到了工作中的表现就是缺乏解决实际问题的能力。大部分人的思维方式是"出现问题→参考教科书或规定→依据规定办事"，如果问题超出学过的知识，就会陷入束手无策的困境。

我之所以啰嗦半天，其实是希望大家将"分析背景→找准问题→提出对策→落实行动→评估效果"这种思维移植到学习上，慢慢变成自己的能力。

下面以自学一门课程的思考框架为例（见表二）。

表二：自学一门课程思考框架建议	
分析背景	你为什么要学这门课？
	你准备在多长时间内达到好的水平？
	这门课需要哪些课程做基础，适合自学吗？
	这门课的考核方式是怎样的？有哪些值得阅读的参考书？
找准问题	缺乏资料？基础不够？时间不足？缺乏同伴？毅力不够？
提出对策	网购教程？预习基础？同伴监督？
落实行动	记下你今日、本周、半个月和一个学期的计划，写计划建议，越是短期计划越要具体。
效果评估	如何检查你的进度是否按计划完成？
	如果完成有什么方式奖励自己？

很多人在学习过程中往往半途而废，就是因为迟迟看不见效果。考研至少复习半年，如何检测复习是否有效？每周做一套试题，看看成绩有无长进，就可以知道自己的掌握情况。有了进展的自学，往往更能激发人坚持到底。

学会"思考的方法"远远不够，还要动手。一些好方法，好技巧，还得加以反复实践训练。

许多人学习都需要借助各种工具，擅长利用这些工具的能力我称之为"通用的能力"。比如，外语就是一种通用能力，计算机基础知识、办公软件、收发电子邮件等等都是通用的能力。

如果通用能力差，很多工作你无法胜任。前面提到的快速学习新知识的能力也是一种高级的通用能力，甚至是最高级的一种能力。如果掌握这种能力，其他通用能力的短板都可以自我弥补。

关于学习的方法，推荐一本书给大家，维茨金的《学习之道》。

■ **实操训练** ■

试试利用碎片时间学习

我的另外一个微信账号"秋叶PPT"（微信找朋友中搜"PPT100"或搜公众账号"秋叶PPT"即可找到）就是想帮助有兴趣利用碎片时间的朋友学习。目前已经有超过120000人在这里学习各种职场技能，其中很多是大学生。

大家可以关注微信后在微信输入关键词"拆书"，看看我们是如何利用碎片时间读书的。

为什么有些人学习效率高?

我很认同一个观点：天才=科学训练10000个小时，谁也别想偷懒。

不过，当具备一定自学基础后，有多种方法能让你的学习更有效率。比方说，10000个小时如何合理分配，才能让学习变得更有效率，这个很值得探讨。

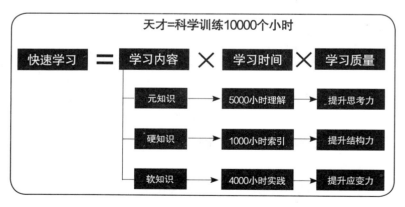

图二　快速学习效率分析图

很多专业有大量的共性知识，如果你真正吃透、摸透一门学科，再转移去了解另一门学科，学到精髓只需要这10000个小时里面5000个小时，甚至1000个小时；而没有真正吃透一门学科的人，再去学习一门新学科，就好像是要继续花费另一个10000小时。

所以，研究如何快速学习，不如认真研究如何才能快速吃透一门专业。

如果你开始构建解决问题的专业体系，那你就形成自己的深度思考力，这种思考力我把它称为一门学科的元知识（比方说在历史里面，你的历史观、你的考据方法、你的历史框架就是元知识；在数学里面，基本公理假设及相关推导的论证逻辑就是元知识）。这种知识的学习特点需要连续地深入思考，有些问题可能需要你连续思考好几个月才能找到答案。

所以，我给每个专业的元知识分配5000个小时的学习时间，要下苦功才能掌握。

每个学科知识体系里有大量的知识点，这些知识点需要你花费大量记忆。很遗憾，在大学学习中这些知识往往成为我们学习的重点，给记忆造成大量的负担，又耗费大量的时间，我把这一类知识叫硬知识。

硬知识很适合用前面我介绍的思维导图软件来组织，思维导图在组织这一类需要大量记忆的信息方面优势明显。

大学里有实习、课程实践、社会考察、毕业设计、社团活动等等教学环节。只有把元知识和硬知识通过实践，才会让你获得大量关于知识的经验值，并加深你对元知识和硬知识的记忆，我把这一类经验知识叫软知识。

我建议在大学一开始就分配大量时间放到元知识学习上，而不是看各种速成的快餐书。比如，你要对心理学感兴趣，不要去读太多《好玩的心理学》《色彩心理学》这样的畅销书，应该老老实实读几本诸如引进的外文中译版的《心理学导论》《心理学的邀请》《自我·群体·社会》等入门经典书。

读完这些经典书，你对各种畅销书会有更好的理解力和领悟力，将来就能看得出来，哪些书是东拼西凑的，这样就不至于浪费大量的时间。

元知识需要专注学习，除了天赋极高的人，大家都要花费大量的时间下苦功。

很多人没有学好元知识就去大量记硬知识、去实践，看起来积累很多知识或经历，但是因为知识框架不完备，始终没有建立独立思考的能力，也不具备连续思考问题的能力。

现在的大学生，我个人认为投入到英语学习的时间太多。英语是一门很有用的硬知识，但是大学生投入时间太多了，还不如用一些背单词时间去理解专业知识，积累实践应用的经验。假如这其中需要英文的帮助，可以选择需要时自学，借助各种翻译工具，请教高手来解决问题，你并不需要把自己变成一本词典。

硬知识可以借助元知识的帮助有效梳理各种信息，从而极大节约今后的学习时间成本。

软知识需要在实践中反复尝试、调整，直到理论知识和自己的经验相匹配，才能让元知识和硬知识成为自己随机应变的软能力。比如，在某个方向，你学到一套做事的流程（掌握流程还不是高手，高手是知道流程为什么如此设计），光做过也不够，得反复训练。

好的技能或方法，你得找不同场合用不同的事情反复练习，记住是不同的场合不同的事情用同样的方法反复练习。**把一件事情反复做一百遍和用一个方法反复用在一百件事情上是完全不同的概念。**

元知识的学习能让你知道世界是如何运行的，实践经历能让你验证世界是不是如此运行的。

特别要指出失败也是很好的学习方式。

在大学阶段多尝试多经历挫折也是一种财富，因为大学时犯错的成本很低，等你进入职场，能力越强，犯错的成本也越高，代价可能也越大。

如果每次都倒在同一个地方，那可能是你的元知识结构出了问题。如果你没有学会结构化思考，那么错了也不知道从哪里纠正，这种思维的缺陷靠记忆再多硬知识也补救不了。

反过来，如果元知识特别发达，可以直接通过分析别人的失败改进自己的行为模式，从而更快获得硬知识和软知识。

我比较了解图书营销的流程（这算一种元知识），所以我会观察同类题材图书的销量，系统考察一本同类书的市场定位、内容结构、写作风格、书名策划、封面设计、排版特点、定价策略、发行渠道、促销手段等等，丰富自己写书的套路和拓展自己营销的思路。通过详细分析竞争对手的优劣，可以规避很多错误，不必等自己的书投入市场后才发现问题。

这种对比分析多了，我就积累了很多关于图书命名的套路（这是可以结构化的硬知识），也积累了很多图书发行的经验（这是软知识）。

这种从过去的经历、别人的错误中观察对比分析学习的能力，是非常重要的职场学习能力，这需要你平时养成注意观察问题的习惯。

读到这里，不妨去微信里回复"快速学习"四个字，会看到萧秋水老师写的一篇《陌生领域快速学习四大技巧》的文章，希望对你们有启发。

▰ 实操训练 ▰

分析你的专业课程背后的三种知识

表三：分析你的专业课程背后的三种知识一览表	
元知识	这门课程思考问题框架是什么？
	遇到老问题，它会怎样分析？
	遇到新问题，它会怎样分析？
硬知识	这门课程的主要知识点是什么？适用思维导图组织吗？
软知识	这门课程的哪些知识点需要哪些实践环节来强化理解和记忆？

写好论文帮你建立思考框架

元知识训练的最佳时间在大学。

因为这个阶段的年轻人既有一定的自学能力，又有大量时间用于深入学习。

可惜的是，现在很多大学生把太多的精力投入到社团活动（软知识）、背单词过四六级（硬知识），四年热热闹闹忙活下来，结果连自己专业的学科知识体系都讲不清楚，更谈不上进入社会后活学活用。

元知识最常见的训练方法就是写论文。

写论文应该是大学生大一就主动去尝试的行为，而不是等到大四才忙着复制粘贴。大四的毕业论文，导师大都会提供一个范本，你会发现论文大致是如下的结构：综述问题的背景→提出解决问题的限制因素→讨论解决问题的可行方案→对比后决定你的技术路线→设计实验验证你的技术路线→依据实验结果做分析。

仔细看看，和我前面说的"分析背景→找准问题→提出对策→

落实行动→评估效果"是不是有点类似？我的主要工作方法就是在写研究生论文阶段学会的。

知道这个结构并不能帮助你写出好论文，它没有任何关于细节的思考，还得掌握一些具体的思考框架。

写论文常见的思考框架有七种：

1. 从局部到整体

发掘局部材料→进行合理归类→总结宏观趋势→再寻求其他局部事实验证。社会学科里的田野调查就是一个典型，生物学的物种进化研究也是如此，这也是所谓数学的归纳法。

2. 从整体到局部

提出初始假设→解释真实现象→发现例外事实→修正或推翻初始假设。物理学很多研究都是如此，这也是所谓的数学演绎法。

3. 迁移法

把A领域研究方法移植到B研究领域。比如把统计学引入社会学研究，把心理学分析引入社会学演讲，把进化论引入心理学研究，等等。

4. 对比法

选择一个或多个观察维度→设置一系列对比指标→寻找指标数据差异点→解释造成差异的原因→设计实验证明自己的假设。管理案例分析中经常用类似的结构。

5. 经验法

选择一个经验框架→把采集的事实或数据依据经验框架分析→得出相关的结论。在管理学科、工科设计行业中，很多论文研究都是依据可靠的经验框架做出某个具体问题的分析。

6. 极限法

设置一个极限环境→推导可能出现的结果→证明假设的合理性或者荒谬性。在逻辑学、经济学、工程学中，这种方法的运用很常见。比如把手机放在怎样的极端环境中设计才是安全可靠的。

7. 剥笋法

剥笋法是连续深入思考问题最简单的一个方法，就是对一个问题进行深入探究。

举个剥笋法的例子，假设要学习一门项目管理的课程，我们来问问看：

（1）什么是项目？

（2）为什么项目需要管理？

（3）过去没有这个项目吗？

（4）过去的项目管理没有方法吗？

（5）现代工业为什么要发展一个项目管理体系？

（6）这个体系是如何发展起来的？

（7）它有了哪些管理方法？

（8）这些方法解决了什么问题？

（9）有了这些方法，问题就彻底解决了吗？

（10）现在这个领域的发展趋势是什么呢？

剥笋法很直观地表明学习一门知识应该是"知其然更要知其所以然"。不带怀疑和批判的态度去学习是很难学到知识的。

比方说，我在本书中提到元知识，但我并没有严格定义什么是元知识。假如你看到一个新概念，第一反应是作者对这个概念的定义到底是什么？ 行文过程有没有偷换概念？如果你是这样读书，那么恭喜，说明你养成了质疑问题学习的习惯。

如果你只满足于获得标准答案，就是在培养惰性、依赖性。请务必养成打破沙锅问到底的求学习惯。

有了这些思考问题的框架，我们就能就某个话题进行连续性深入思考。只要我们认真写论文，就可以慢慢培养连续思考的能力。

等你到了职场，会发现这种连续思考的能力能让你在复杂局面中脱颖而出。

■ 实操训练 ■

用剥笋法学会质疑

关于批判性思维学习，我推荐一本不错的入门书《学会提问——批判性思维指南（第十版）》。下面分享我从这本书里学到的五个质疑的问题：

1. 作者的观点是什么？

2. 他观点中的关键词是什么含义？（他有解释吗？是否在行文中偷换概念？）

3. 他对观点提出了论据吗？

4. 他的论据是可信来源吗？

5. 他从论据到论点的论证符合逻辑吗？

请你在网络上找一段最近名人的热门言论或微博，思考他的话是否有道理？

如何写出一篇长文章?

写出一篇好长文的能力是不分专业和学科的，每个领域都需要。

一个让你的独立思考能力快速提升的好方法是尝试写几篇一两万字以上、没有什么废话的长文章。

要想学会写好文章，关键一点是需要你养成经常写的习惯。

作一个PPT达人，我反对新手一开始就学PPT，建议先写长文章。

像PPT和思维导图这种工具的优点是视觉化，缺点是跳过细节，展示的是浮沙上的完美逻辑。一旦把图形变成文字，很多细节经不起推敲。很多看起来精彩的PPT或思维导图，只要变成一篇长文字，就会漏洞百出。

做重要的演讲时，如果时间允许，我会把演讲要说的话全部写下来。这样的事情在我刚刚做演讲时，干过很多次。两个小时的演讲大概要写2-3万字。宁可多写，也不能少写。越是没经验的演讲者，越需要这样的方式帮助自己提高演讲能力。

现在遇到一个需要认真思考的问题，我还是会优先选择写出文字，在写的过程中谨慎思考自己的观点，辨析自己的逻辑，希望它的立论和论证，还有表达都能够不被别人曲解。当然做到这一点非常难，为了避免观点有失偏颇，最后文章难免越写越长，越写越啰嗦。但正因为这样，才有思维训练的价值。

写长文章，是逼你反复思考你的观点中的每一个论据论证的细节，这个过程有时很痛苦。我有很多文字开头草草写了几千字就无法继续，因为我根本无法写出有质量、有思考的文章。

现在在微博上大家更喜欢用犀利的观点交锋，不谈论据，不谈逻辑，只谈立场，只管站队，这样的交流怎么能形成独立的思考？到最后，大家不得不用情绪裹胁立场，用立场判断是非，用是非制造抱团，用抱团对抗站队，一地鸡毛，微博上的话题，有多少是例外？

写长文开心吗？开始会很辛苦，但这是必备的修炼。我有隔段时间找一个话题写长文章的习惯，这是一种保持写长文能力的自我训练方法。一个人有没有头脑，要看他平时爱不爱折磨他的大脑。

写干货长文还能帮助你打开人际圈子。

很多朋友抱怨不在大城市，缺乏交流的机会，这是糊涂想法。就算在大城市生活，不先成为一个有质量的人，怎么能接触到有质量的圈子？

真正有才华的人，在互联网发达的时代，是不会那么容易被湮没的。网络上至少有一千万个人能写出一个好段子，但是能写出一篇好长文章的人，一千万人除以十万人，不到一百个人。

在2012年初，我写了一篇长文《思八达的刘一秒该倒了》。这篇文字写得很艰苦，所有的材料都来自网络搜索，为了分析这个神秘的培训组织，还要尽量避免出现情绪化的判断，最后写了一万六千多字，经过删减调整，发表在《中欧商业评论》上。这篇有质量的长文让我认识了顶级商业期刊《哈佛商业评论》的一位朋友，我们后面有了各种形式的交流和合作。

大家看，这种有质量的文字一下子帮你打开人际圈，算不算捷径？算，但是想选择走这条捷径的人，也得愿意付出努力。

另外要提醒大家，发布长文不一定能获得掌声，要做好被批评甚至被批判的准备。

在微博上你很容易提出一个观点，但困难的是如何证明它是合理的。有句电影台词说得好：**知道自己在反对什么很容易，但是知道自己为何而反对很难。**

要说明观点的合理性，不写长文章恐怕不行。但是不要怕自己的观点有漏洞被批评就不写，写长文要准备被人批驳，唯有经过严肃的批驳，你的思想才有进步，下一次写文章才能更全面，更深刻。

由于学识和专业水平局限，我写长文章，往往先暴露了自己观点中的漏洞，引起无数明眼人的批驳，有些批驳甚至到了刻薄的地步。这些批评会引发我思考，文章为什么引起争议？应该在哪些方面改进？

当然长文未必就要在网络上公开，审阅文章的也许是你的编辑、你的导师、你的领导，甚至是你的客户。

所有慢慢拥有独立思考能力的人，大都在人生中的某个阶段，经历过把自己长长的思考变成文字，然后交给别人无情地批评的过程。唯有经历这种无情的批评，才能真正成长。

写长文章很难，谁也不能一蹴而就，最后分享一些个人经验吧。

1. 从你最熟悉的文体开始，从短篇开始写起。

工作中使用的长文字类型很多：（1）叙述过去的问题（记叙文）；（2）说明当前的现状（说明文）；（3）提供未来的建议（议论文）。最能提升独立思考能力的当然是议论文。

先不要急于一下子写很长的文章，从一两百字，到一两千字……大部分人在工作中能写出有条理的三千字文章已经非常好了。

2. 培养记日记的习惯。

大学生不妨每天坚持写日记，把一天的心得感悟写下来，尽量模仿好的文字风格进行练习。

慢慢地，你可以在日记中写一点有深度的总结。有质量的思考一定要形成文字，长期坚持会对自己的职业成长有帮助。

可以写博客，写微博，手绘也可以。

3. 把写长文和你的某个兴趣点结合起来。

（1）假如你热心公益，就最近观察到的一个公益活动，分析它运营成功或者失败的原因，提出改进建议和理由；

（2）假如你爱玩新媒体，就最近注意到的一个微博高转发事件，分析它被推动的原因，并得出有价值的经验；

（3）假如你喜欢读书和看电影，写一篇最近读过的新书书评或电影影评，并发布到豆瓣上和其他朋友交流；

（4）假如你喜欢写日记，那么就注意观察生活中的点滴，把这些零碎素材积累起来，顺便加上一幅手绘，没准哪天你就是中国的高木直子；

（4）假如你喜欢思考，就开一个博客，和同样爱好思考的人形成一个圈子。

其实，写文章最重要的不是长，而是要有质量。

我说过：对质量没有标准的人，生活也会陷入各种敷衍。

▪ 实操训练 ▪

发一篇长微博

就你关注的任何话题，写一篇不低于800字的文章，然后搜索关键词"长微博"，找到长微博工具，把你的文字排好版，发一条长微博，并@好友。友情提示：设计好微博短文案，会使你的长文章被注意到的概率提升十倍以上。

没思路就从模仿开始

对于找不到思路和方法的人，我有一个建议，就是模仿。

什么是模仿？模仿不是抄袭，而是借鉴别人的方法，别人的标准，自己去照做。就好像我们小时候学书法，一定要从临摹字帖开始。

如果你不会学习某门功课，问成绩好的同学他们是怎样学习的，然后模仿。

如果你不会组织某项活动，问有经验的老生他们是怎样做的，然后模仿。

模仿的关键在于三点。第一，自己动手，不能直接把别人的内容拿过来改改就变成自己的，那是完全抄袭；第二，选择恰当的对象模仿，比如想学街舞，你可以先模仿入门的动作，再模仿高级的动作，不能企图走捷径；第三，虽然是模仿，但一定要模仿到位，不能差太多，否则模仿效果会大打折扣。

我学习PPT就是从模仿开始的。很多人会说我也是模仿啊，从网上下载模板然后借鉴，不是模仿吗？

拿出一本杂志，模仿，和下载一个模板，复制，有什么区别？看起来我也是抄，你也是抄，这有什么不同？效果差距会那么大？有，区别很大。

首先，我模仿的杂志上的图案是不能拿来用的，只能依靠自己想办法实现。我使用的工具和专业排版用的工具也是不同的，哪怕是同样的效果，要经历的操作路径也完全不同，需要自己动脑探索。

其次，我要把杂志拆分成版式、配色、字体、线条、形状、修饰、文案等细节，一点一点分析，才能做出和杂志一样的效果。这个模仿过程也让我在学习配色、选择字体、细节修饰、精简文案、视觉化组织素材等方面受益匪浅。

如果在模仿过程中，发现自己的模仿不够美观，要花时间慢慢调整，这种模仿的过程对理解专业的排版，收获很大。不断模仿，不断积累，不断找到微创新的感觉，可以让你在很短的时间内取得突破。

这种模仿和复制模板是完全不同的，利用模板是一种依赖性的表现。反正颜色别人配好了，逻辑框架别人搭好了，形状别人配好了，只需要压缩压缩文字，把内容填充进去就好。这个过程中自己的大脑完全没有得到开发和锻炼，这样再制作PPT一百年你的水平也不会有进步。

PPT高手@Lonely_Fish　提出更为完善的"八心"学习流程：简单尝试（好奇心）→发现差距（细心）→模仿作品（耐心）→求教高手（虚心）→长期实践（恒心）→形成风格（专心）→分享心

得（开心）→反馈改进（用心）。这个经验完全可以运用到很多技能中去。

要写一篇论文，没有思路不要紧，去期刊网下载一批相关论文，研究他们的选题角度、分析方法、实验过程、写作风格，模仿着写一篇论文，一开始肯定不完美，但是慢慢你就能写出好论文。

待这种在模仿中思考和动手的行为模式变成你习惯中的一部分，进入职场后，在很多领域你都可以做到比别人出色。

■ 实操训练 ■

模仿三分钟教程做一页PPT作品

到本文作者微信公众账号"秋叶PPT"中回复关键词"目录"，选择一个你感兴趣的教程，模仿做一页作品。

也欢迎去关注@秋叶 的微博，他经常分享学员的PPT投稿微博，看看别人的作品，可获得一些灵感和动手的思路。

或者去网易云课堂搜"秋叶"，会有更加系统和快速上手的PPT课程学习。

学会提一个具体的问题

　　我经常接到各种大学生的求助信，但大部分求助信都有一个类似的问题：不善于提问。这不是素质的问题，而是缺少教育的问题。一个不会提问题的民族是出不了真正的人才的。

　　我刚进大学当老师时，很乐意把自己的QQ号码提供给同学，鼓励他们通过网络交流，但很快就后悔了。因为很多学生加我后经常会问一些很难回复的问题，假如不回答，学生又会误会你矫情，让彼此都尴尬。

　　比如，很多同学一上来就开门见山，直接提问题。

　　问：老师，你在啊？我有个问题想请教你，我该不该考研啊？

　　这学生大概以为加了好友我就该认识他，一句自我介绍都没有，他哪里想得到我在猜：这人是谁啊？

　　即使知道他是哪个班的同学，也无法回答。因为我不可能知道他的个人学业完成情况，不知道他的兴趣爱好，不知道他的家庭环境，不知道他做了哪些准备，不知道他就业求职进展，怎么回答？

我只能从网上百度一篇《大学生考研理由面面观》的文章送给他。

其实，问题越具体，别人越容易回答。假如他是这样问的："秋叶老师，我是某某大学某某专业的一名大三男生，英语和专业成绩中上等，我们专业就业压力很大。我想通过考研提升就业竞争力，家里也能负担学费。你觉得像我这样不是为了学问而是为了就业功利性考研，是一种理性的选择吗？"我就好回答多了。

大学生提问还有一个奇怪的现象，**他们喜欢向自己信任的人提问，而不考虑别人的专长到底是什么。**

比如，有同学问我电脑不能启动了，你知道怎么办吗？（我真的不是硬件高手啊！）

再一个让我头疼的问题，很多学生提的问题大部分可以通过百度、谷歌，或者网站搜索能找到答案的，不需要占用别人的时间，但他们就是喜欢先问而不是先动手。

综合学生提问的种种现象，反映了三个问题：

依赖症：依赖通过别人获得答案，放弃了自己探索的努力；

缺自信：不是没有答案，而是一定需要一个权威人物认可；

缺思路：想自己找答案，但是不知道如何下手。

1998年，我在广东佛山一个企业博士后流动站读硕士研究生。有一天，老总让我们做一个瓷牙修复辅助设计系统的需求调研问卷（就是利用电脑三维技术模拟瓷牙在不同人牙型修复后效果的三维仿真系统）。我之前完全没做过IT系统，但老总要求做，就得自己想办法。我只好紧急买书研究，最终做出一个需求调研提纲。

1.做瓷牙修复辅助设计系统（以下简称"系统"）的目的是什么？

2.系统的用途是什么？

3. 系统的用户是谁？他们的知识背景如何？

4. 系统应该包括哪些功能模块？最实用的功能是什么？最易实现的功能是什么？最出效益的功能是什么？应先解决哪几部分的问题？

5. 开发系统需要哪些专业知识和概念？

6. 系统中数据流和控制流是怎样的？

7. 对软件有哪些性能要求？（易用性？可靠性？）

8. 希望用怎样的人机界面？

9. 系统的软硬件要求？

10. 系统的进度要求？

11. 系统开发的人员安排和要求？

12. 系统的费用预算？

现在看看，当时作为一个非IT专业的机械研究生，第一次做项目需求调研，能独立搞出这个东西，也还不错。通过这个问卷，我第一次搞明白了什么叫封闭式提问，什么叫开放式提问，这两个提问方式后来在职场里经常被用到（对这两个概念不懂的朋友，请自行百度相关关键词）。

如果想做一个好的提问者，我有九条建议：

1. 如果你要别人的联系方式，提问前请花一分钟看看别人的公开信息，也许你要的联系方式都在其中。

2. 提问前请判断你问的人对此领域是否专业，假如要问一个并非他擅长的专长的问题，你得提供一个好理由。

3. 用不同的关键词在百度谷歌搜索你的问题，或者去图书馆查查资料，无路可走再尝试提问。

4. 与人交流时，即使是非正式提问，也要先做自我介绍，别以为在网络上有过互动，别人就该记住你。

5. 问题越具体别人越好回答，尽量让别人做判断题，没有交代背景的问题我们基本上只能用外交辞令回答。

6. 如果问题不紧急，先去一些好的提问网站，比如百度知道、新浪爱问、知乎这样的社区提问。

7. 不要指望名师指路，他们可以提出看法，但决定权是你。如果后悔听了别人的建议，责任在你。

8. 有时候，你的问题需要别人做大量的调研才能回答，你得评估下你是想提问还是想偷懒。假如想偷懒，你应该先考虑为别人的劳动付费，而不是打着所谓免费分享的口号去鄙视别人拒绝提问。

9. 不能强求回复。不管别人回复不回复，你都要先给一个谢谢，至少别人要花时间阅读你的问题。

最后一句忠告：不管你觉得通过提问学到了什么，当伸手党永远是没有地位的。提问是为了让自己尽快独立思考，进而得到启发或者帮助别人，而不是爱上提问，依赖别人来指导自己的工作、学习和生活。

■ 实操训练 ■

做一份封闭式调研问卷

在工作中，经常需要设计调查问卷。请你以大学生使用微博、微信新媒体为话题，设计一份封闭式调研问卷。可以去网络搜索调查问卷，想一想设计怎样的调查项才能获得有价值而且不被误导的真实信息？

建立多维的思考角度

我一位朋友的妈妈，突然怀疑老伴有外遇，每天神神叨叨，性格变得不可理喻，全家人都为之苦恼，以为是更年期反应。但其实是她得了抑郁症，怀疑配偶的忠诚度是一部分抑郁症病人的一种表现。

你是不是很吃惊？让人吃惊的是，怀疑配偶忠诚度是大脑神经改变后的一种反应模式，而能够造成这种改变的原因还有精神分裂症、老年痴呆症、脑血管狭窄、外力损伤等等。

每年都有老人被骗的新闻，为什么骗子总能得逞？因为人老了，大脑会因为各种病变退化，智力和判断能力也会因此退化，所以，有些事情人年轻时不糊涂，老了就犯糊涂。

了解了这些生理学知识，你对社会上某些特别反常的现象是不是会从多个角度去观察？

新浪微博曾转发过一个孩子要钱不成刀砍父母的事件，有人感叹孩子没人性，有人嘲讽父母教育失败，但大家有没有想过，这个孩子是否本来就不是一个正常人，也许他是一个精神病病人呢？他本来就缺失正常的行为判断能力，你去教育或者批评他没人性有用吗？

理性的教育对于一个心理病人是不够的，我们需要更专业的手段，问题是我们自己也因为太缺乏心理、医学方面的知识，总想用理性的思考方式去教育批评。我们的"好心"会帮助他变好还是促使他做出更激烈的反应？

我想说的是：**这个世界上绝大部分的事情都不能简单地一概而论。**

思考问题需要从多个角度分析。这是一个漫长的修炼过程，与一个人的知识面有关。

我的一个朋友提出一个很好的说法，他说个人教育应该注重四个方面的修炼：

1. 人与群体的关系，这要靠道德、法律和制度。

2. 人与社会的关系，这要靠社会科学知识。

3. 人和自然的关系，这要靠自然科学知识。

4. 人和自己的关系，这要靠哲学宗教知识。

这个分享很有意义。假如一个人只掌握一种门类知识，他解读世界的角度可能就会很单一，只能从一个角度去理解世界。

一个好的头脑，一定要能欣赏和包容这个世界的多元化，而不是假定这个世界只有一种或者几种好的选择。

柴静的新书《看见》里面有一篇文章谈到陈虻这个人，关于他有一段有趣的文字：

陈虹抽烟，他的烟盒，还有另一个用途。在指导新人的时候，或者在给栏目组讲课的时候，他会经常拍出这个烟盒：

这是一盒烟。我把它放在一个医学家面前，我说请你给我写三千字，他说行，你等着吧，他肯定写尼古丁含量，几支烟的焦油就可以毒死一只小老鼠，吸烟的人肺癌的发病率是不吸烟人的多少倍，吸烟如何危害健康。

还是这盒烟，我把他拿给一个搞美术设计的人，我说哥们请你写三千字，那哥们给你写出来：这个设计装潢的色彩、标识的个性创意。

我把这盒烟给褚时建，说您是生产烟草的，您给我写三千字，他也毫不犹豫地说，你等着吧，他告诉你这是烤烟型，它的烟丝产地在哪儿，它的加工工艺是怎么样的，更高一级别的烟丝是怎么过滤的，为什么卖这个价钱，成本是多少。

我给一个经济学家，他告诉你，烟草是国家税收的大户，还有烟草走私对经济的影响。

我现在把烟盒给你，请你写三千字，你就会问写什么呀。

针对上面这段文字的情景，你能写什么？能从哪几个角度写？

我想有的人会写不出来，有的人写得出来。写出来的人他的观点，可能和你的差异很大。如果别人的观点和你的观点完全不同，甚至完全对立，遇到这种情况，怎么办？

不同的人在生活中常常对同样的事情有不同的看法，往大了说这叫价值观不同，往小了说这叫个人意见不同。你很难说哪种看法就一定比另外一种看法更好。所谓民主自由，不是为了让某些"坏人"不讲话，而是让每一个人都有自由讲话的空间。要理解这一点，你得理解不同的人对同样的问题有不同的思考方式。一个有好的思考模式的人，应该尊重不同的人的不同观点。

如果只以自己的思维方式来理解世界，那么你一定无法得到世界的回声。美国教授理查德·尼斯贝特写了一本思考东西方文化差异的书，叫《思维的版图》，有空去看看，会有收获。

■ **实操训练** ■

理解不同的人有不同的思考方式

请列举，有哪些事情，男生和女生的看法截然不同？

请列举，有哪些事情，老师和学生的看法截然不同？

请列举，有哪些事情，家长和孩子的看法截然不同？

学会从一切信息中学习

对于初学者，一下子建立属于自己的思考框架，拥有独立思考能力是不现实的，但是生活中获得这种能力的途径其实不少。我认为有四种途径可以获得这种能力：经验、培训、流程、阅读。

生活经验可以给我们思考问题的框架。

比如买衣服，观察下自己的生活经验，就可得出一般人买衣服的五个标准：（身体）舒适—美观（个性）—方便（打理）—储存（空间）—价格（承受）。对于有的人还可以加一个标准"搭配（自如）"。有了这个标准，买衣服就简单多了。

衣食住行、吃喝玩乐是每个人必须接触的生活，所以都可以从中获得一些经验框架。但进入专业工作，很多知识不可能直接来自生活体验，所以需要培训。

广义的培训包括中小学、大学教育，也包括上班后的各种学习培训。这些大家都熟知，在此不多说，我想谈谈在工作流程中学习的过程。

举例说，不管是电话营销、网络营销，还是面对面推销，表面上看每个公司都会规定自己的销售业务流程，设计不同的方法促进潜在客户变成付费客户。

如果仔细思考这些流程，你会发现，其实各行各业的流程里面，快速消费品销售的过程都可以用如下框架来表达：

识别有真实需求的客户（发现需求）→激发他们购买的欲望（认识产品）→增进他们对产品好感意向（引导偏好）→诱导他们选择最大化购买（转化行动）→鼓励他们分享自己的购买（口碑推广）→做好服务争取他们追加购买（品牌培养）

那么你从电话营销岗位学到这些分析问题的框架，一样可以应用到网络营销、面对面推销等行业。

上面提到的三种学习途径，都需要长期积累、细致观察和深入总结。我遇到一个微信朋友提问，他说：秋叶老师，我刚做管理培训方面的工作不久，感觉自己还缺少很多知识，如何快速提升这方面的能力，您有什么建议？很感谢！

我们常常遇到的挑战是：需要在最短时间内建立对一个行业或者岗位的了解。慢慢成长企业等不及。

对于有这样压力的朋友，提供一些方法：

1. 了解行业价值链。这个行业的商业模式是怎样赚钱的？有哪些模式？你的公司是属于其中哪一种？和对手相比优劣何在？

2. 了解行业的文化。这个行业的人一般是什么背景学历和专业？有没有活跃的行业论坛？

3. 了解行业的岗位。这个行业有哪些岗位，每个岗位有哪些技能要求？

4. 了解行业的人脉。这个行业有哪些精英人物?

5. 了解行业的知识。了解这个行业一些入门的背景知识。

这些知识在学校没有教,将来进公司没人耐心教你,好在每个行业都不缺乏爱分享的高人,所以通过快速阅读他们的分享,我们可以获得这些信息。

广义的阅读并非指读书,好的博文、微博、视频、专题报道、电影都是阅读。

了解行业价值链最快的阅读途径就是搜索关于这个行业的综述文章。

这些文章一般在行业垂直门户的专题里,或者论坛的置顶精华帖里,如果能快速看一遍,你对整个行业会有一个整体认识。如果能清楚这个行业的钱是从哪里来的,你就开始找到在这个行业生存的一把钥匙。

现在有了搜索引擎,找到这样的信息更加方便。举一个例子,2009年,在我进入培训行业之前就仔细思考过这个行业的运营模式,搜索关键词"培训行业运营模式",发现一篇2006年的文章叫《培训公司的七种赢利模式》,这篇文章写的并不全面,后来又搜到一篇细化到21种类型的赢利模式。我将这两篇文章仔细读一遍,对这个行业有了初步的了解。

了解行业文化最快的途径是搜索人们关于这个行业的各种吐槽。

还是以培训业为例,搜索关键词"培训业+乱象、现状、趋势、机遇",可以搜出一部分人对这个行业的整体认识的大量文章。这些文章往往发在一些行业论坛,进入论坛就可以看到很多人的吐槽,耐心翻一翻,你对行业的认识会现实得多。

了解行业岗位最快的阅读途径是去招聘网站。

我会去前程无忧等各大招聘网站，用"培训"做关键词搜索这个行业有哪些岗位，看看在不同城市哪些岗位多，待遇多少，有什么技能要求。顺便还会看看一些知名公司的贴吧里面有无各种面试求职经验。

了解行业人脉最快的阅读途径是微博、微信等新媒体。

行业内的名人往往都开通了微博、博客，这是社会网络发展起来以后的一个意外惊喜。平时你想接触一个牛人，门都没有，但是网络媒体能给每个人提供一个接触名人的机会。比如，很多大学生就通过微博和我建立联系，成为我的PPT学习小组的核心成员。

通过微博、博客，你能了解到这些行业一批真正坚持思考的人在想什么，如果能把其中一些人的文章通读一遍，你对行业的认识就更多了一些。

当然，要建立行业知识体系最快的方法是读书。

网页上的信息大部分属于碎片思考，不成体系，要学习一个行业的体系知识，读这个行业里面广受推荐的好书是最快的方法。

我的习惯是如果这本书在豆瓣能够打到七分以上，在亚马逊上有十个真实好评，我会全部买回来，在最短时间内通读一遍，做好书评、笔记、导图、PPT等等。

为什么都买回来？因为我的习惯是采取主题阅读、对比思考的方法，用A书观点刺激自己理解的B书思想，加速自己的思考深度，当然这个方法只是我的个人习惯。

移动互联时代阅读不仅仅包括纸质书，一切信息流的获得都可以看作是阅读。比如搜索引擎、视频、微博、微信，这些都是信息阅读的方式。纸质阅读的方法可以应用到电子阅读中，电子阅读的习惯也可以应用到纸质阅读中。

■ 实操训练 ■

访问互联网上的大学公开课

互联网时代，信息量越来越大。在校园网里，我们可以看到国外大学的精品课程，从某种意义上讲，我们和世界是同步的，阻碍我们学习的，是我们自己，不是世界！

网易公开课：http://open.163.com/，在这里你可以看到国际名校公开课、中国大学视频公开课、TED、可汗学院等精品课程，足不出户，你就可以和世界同步。

英语好的同学，可以直接去浏览世界一流大学网站，这些网站提供了许多非常棒的公开课课程录像。你喜欢哪个名校，就多去那个名校的网站淘淘，总能淘到好宝贝！

如何选书?

和旅行、访谈、实践相比,读书是一种让你打开视野、了解世界的低成本方式。

读书也是最快让你的思维从线性思考变成复杂思考的方式,所以我很认真地建议:

多读书,读点杂书,这是让你慢慢走向独立思考的一个方法。

有很多人求助我,希望给他们推荐一批好书。我看书很杂,好书也看,烂书也看,看过的烂书绝对比好书多十倍,可能这和我是一个写书的人有关。我经常会分析烂书的失败之处,从中学习如何写作。

当然,这仅仅代表我个人习惯,毕竟每个人读书需求不同,兴趣也不同,不必强求一致。我们应该追求适合自己的图书阅读类型的合理搭配,而不是盲目攀比数量。

大家应该合理搭配四类书:

第一类:常备书

词典是我的案头书,遇到不懂的字、词,词典不可少。对这样的书，我从不吝惜购买。另外建议大家尽量选择一个好的版本。

第二类：专业书

精通一门技术是生存的根本，这一类方向的技术书你得通读，尤其是经典原著，得长期跟踪学习。不要指望每本专业书的每一页都是干货，只要内容有助进步，都值得阅读。这样的专业书，每年应结合自己的专业方向多读几本。

第三类：视野书

只有一种专业思维的人是很可怕的，比如网络上爆出的某一个事件，至少可以从哲学、进化生物学、社会（伦理）学、心理学、政治学、经济学、管理学、传播学、宗教九种不同角度的方向解释。

如果你只有一种思维模式，就很难学会换位思考。要了解其他的思维模式，主要靠读这一类杂书。

第四类：潮流书

社会在与时俱进，你要紧随潮流，总得读一些报刊，看一些视频，了解社会潮流的变化，这些都能影响你生活中的决策。

名人写的随笔我也买，当休闲书看，还可以学习随笔的文风，学习他们分析问题的思维，收获是很大的。好的网站、新闻、微博、微信、视频我会看，这也是一种掌握潮流的阅读方法。

关于选书的方法，我推荐大家读读台湾出版人郝明义写的《越读者》。另外我想推荐一本价格是八十八元的《失控：机器、社会与经济的新生物学》，很厚，作者是美国的凯文·凯利，这是一个了不起的人。我的意思其实是希望大家不要因为价格错过真正的好书。

我们已经针对全国主要专业收集了专业必读书目，分35个大专业类别，你现在去微信"秋夜青语"回复关键词"书单"就会看到一篇指南，告诉你怎么获得你所在专业的相关专业书目。

♟ 实操训练 ♟

如何利用搜索引擎找到一本好书？

大数据时代第一次可以聚合不同的人对书籍的看法，你可以借助别人的评论有效选择适合自己的书。虽然找书比直接听人推荐会多花一些时间，但依赖自己判断找到好书不是更快乐吗？

1. 在百度搜索你想看的书籍关键词"哪些书好""书单""最值得看的书"，找到相关书籍；

2. 把书名或关键词输入豆瓣网或者亚马逊网站，看看前三页书的目录和评分，如果有评论，请阅读相关的好评和差评。一些好书，如果排名靠后，也许是营销不到位，或者是刚刚上市的新书，评论少而排名靠后，请大家特别留意。

3. 亚马逊网店会推荐同类书籍，或者用书籍的核心关键词在亚马逊搜索，可以找到同类书籍，请继续在豆瓣和亚马逊网店了解这些书籍的口碑。

4. 如果发现感兴趣的书，去当当网、京东网、豆瓣网等社区看看，因为有的网店会提供试读版，可以让你更全面地了解书的内容。

5. 在微博搜索你感兴趣的书名，看看有无人对此书发表意见，可以在微博上和他交流，了解对此书的看法。

6. 到最实惠的网店下单买一本书，每次看完都评估下买的书是否符合你的需求，下次买书时改进你的找书方法。

如何读书?

以下是我的个人读书习惯，仅供参考。

第一，一年到底读多少本书？

我最近几年大概每年读书、读杂志100-150本，属于读书比较勤的人，另外我偏好读纸质书，电子书一般是因为没有纸质版本才去读。

我好奇心特别旺盛，好多书是为了满足好奇心，大部分书是买回来草草浏览一遍，让自己对某个领域有个了解。当然，也许有些领域将来就变成了我的一个研究兴趣点。

第二，读书是不是开卷有益？

每个人的时间都是有限的，与其讲开卷有益的大道理，不如承认人都有想一步到位读好书的心理。

由于现在出书门槛低，没有足够干货的书的确太多，开卷不像古时候那么容易做到本本有益。在信息泛滥的时代，开卷往往让你湮没在信息的海洋里。

我觉得大部分人一个月读两本书是需要的，但不要刻意去攀比数量。

第三，哪些书是经典书籍？

很多人希望我推荐一份经典书单，这让人很为难。读书是一件很私人的事情，我喜欢的你不喜欢很正常。

自己花一点时间选书是很值得的。因为这个过程你不但学会了各种搜索技能，了解各种资源，识别各种书托，甚至因为评论认识了一些书友，更重要的是你为自己的需要独立做出判断、做出选择。好的选择可以让人开心，坏的选择也会让人总结教训，争取下一次选书更好就好。

经典书籍也要分类，就好像教育分通识教育和专业教育。通识教育的经典书籍，每个人都可以看；专业教育部分书籍受众面就小得多；而文学类因为有细分品种，不同的人口味不同。

所以与其问别人哪些书是经典书籍，不如先问问自己想看哪一类的书？

如果想了解我读过的书，可以去豆瓣关注我，我的豆瓣名叫"秋叶"。

第四，别人推荐的经典书籍我看不懂看不进去怎么办？

有的朋友来信说对哲学类的书籍不怎么感兴趣，怎么也看不懂，看不下去。名著也是，感觉有点生涩，无奈。

其实，别人的经验未必适合你。如果你发现读不进去，又不是专业必修书，可以不强求去读。成长并非只有一条路。

有时候读大部头的书有点累，不妨从这些书的漫画解读版开始，像哲学书，能耐心看下去的人不多。很多事情要先入门才行，有了兴趣你自然会主动探索更多知识。

第五，哪里有那么多时间读那么多书？

对于不爱读书的人，你可以把这个问题换成"你哪里有那么多时间打游戏、打麻将、谈恋爱、逛淘宝、做头发……"

你喜欢的事情自然会付出最多的时间。

如果早早培养了阅读的习惯，读书便是你生活中的一部分，不需要刻意去安排，书随时随手就可以读。

我出差旅途一定会带书，床头一定会放书，家里一定会不断添置书柜。**如果你的生活环境里到处都是书，你就会慢慢爱上读书。**

所以，为了逼自己养成爱上读书的习惯，不妨咬咬牙花费点银子一口气买上100本书，这笔投资肯定值。

第六，读一本书需要多长时间？速读好还是精读好？

问看书速度的人是个糊涂人，我看《高等数学》能快么？我还会告诉你，我一看英语书马上就会睡死过去么？

没有"营养"的书，有时候我半个小时就可以翻完，因为里面大都是自己知道的内容。有"营养"的书，我会根据自己的时间安排，争取慢读，一次读到位，以后需要时再翻。如果没有时间，我选择速读，或者挑选精彩的读。

好书一定要精读，你专注研究的某个方向一定要做重点阅读。

第七，如何做读书笔记？

大部分书我不用做读书笔记，因为没有什么必要，几句话就可以把这本书的核心提炼完。

好书做读书笔记的方法很多，比如：

1.摘录精华。在书上标注，手抄，发微博，晒豆瓣书摘，直接上印象笔记，都行。我提倡做笔记要手写，不要电子录入，更不提倡拍照和扫描，那样记忆不深刻。

2. 写书评。这是我的一大乐趣，我喜欢和网友PK。一本热门书，等大家意见发表完，我写篇书评后来居上脱颖而出，会有一种打败武林高手的感觉。

3. 做读书笔记。读书笔记是系统总结书的内容，但一份好的读书笔记要能把作者的主要思想、观点、逻辑、推导过程都理顺，这样学习才能深刻有效。对于一些有思想、有严密推导过程的书，写长书评效果比思维导图要好。

4. 学以致用。把读完的书一些理念马上和现实结合起来。如果不这样做，书的内容会遗忘得很快。比如我看到好文字，会下载一篇博客或微博模仿；看到好思维模式，会尝试运用到其他的现象；看到好方法，会引入自己的工作实践。

5. 找帮朋友聊聊，把自己看到的内容讲一遍，这是一个加深对书的理解的好办法。我一有机会，就会跟别人吹吹我刚看到的书的内容，现学现卖。

第八，有些书看起来找不到感觉，怎么办？

如果只是看，没有行动，即便是让人醍醐灌顶的书，也不能真正地让你成长。

看书只能打开视野，坚持行动才能改变。即便不喜欢读，还得坚持读书，厚积薄发，不期速成。

第九，没有时间，可以只阅读经典博客吗？

博客和书最大的区别在于博客不系统，不够严谨。我提倡大家关注一些优质博客，但不提倡用这种快餐阅读代替读书。不要以为看了很多博客就是读书，读书必须能够自己建立一个完整的思考框架，这只靠看博客很难。

不过一些喜欢推荐书，写深度书评的好博客或微博可以关注。

第十，读书时也不妨找点乐趣。

读书过程中的确有很多小乐趣，说说我自己的经验：

1. 推荐好书给朋友分享，朋友也喜欢，加深友情；

2. 好多作者开了微博，写了书评后互动，我经常干这事儿；

3. 读书找亮点，然后晒微博@出版社，比如我调戏过@湛庐文化 多次；

4. 写书评冲排行榜。我最得意的事情就是为《金字塔原理》写了一篇非常不符合《金字塔原理》的书评，引起口水无数，但在豆瓣3000篇书评里后来居上，排名第一；

5. 看过的书不想要了，送给需要的人。

我的朋友@萧秋水 ，曾经做了一个《他们是如何选书和读书的》读书系列，介绍了19位互联网上活跃的读书人选书和读书的经验，非常值得一看，百度文章名就可以找到。另外关于读书方法，推荐一本好书给大家学习《如何阅读一本书》。

■ **实操训练** ■

如何利用大学图书馆？

请尝试回答如下问题：

1. 大学图书馆里有哪些资源可查询？

2. 假如要查找一本想读的书，该如何检索？

3. 假如想查找某个年份的某日报纸原件，该如何检索？

4. 假如想查找某个专家的全部发表论文，该如何检索？

5. 假如要查找本专业领域的最新文章，该如何检索？

6. 假如想看看你的一个创意是否已经有相关专利，该如何检索？

7. 假如要查找本专业的一个专业术语的翻译，该如何检索？

8. 假如要查找某个行业近几年各类分析数据，该如何检索？

对了，大学图书馆往往都提供学生推荐购书的申请渠道，把你想购买的书推荐给大学图书馆呢。

如果上面的问题你找不到答案，那就请微信回复"大学图书馆"，看看我们为你准备的攻略。

读书多就能提高竞争力吗?

一位读者，说他爱读书爱思考，同学们也认为他有思想有深度，就是没当干部没有奖学金，也没参加社团，结果求职时因为学校普通，证书少，没干部经历，没有奖学金，总是缺少面试机会，简历无人问津。他问我，读了那么多书不能证明有能力吗?

我的看法是：

读书多和有能力之间有关系，但是每个人的情况是不同的。

证书多和有能力之间有关系，但是每个人的情况也是不同的。

读书多和考证多都说明你们努力过，但是都无法简单地等同于你们有能力。

不过大家公认的证书是一种标准，比如驾照，能够衡量你是否掌握某项技能或知识点。但是书实在因为种类太多，没有办法做一个读书的标准。比如读1000本武侠小说和读100本哲学经典意义一样吗? 这很难简单评价。所以，现实社会更倾向于接受证明某种单项能力的证书，而不是你读了多少本书。

很多HR不认可读书多的人，因为很多人读书多但是不得法，收益并不大。

不带着问题去读书，没有总结的读书，不结合现实生活的读书，只是数量的堆积，不是质量的提升。

当然，读书读出思想这个玩意儿，在现实中是一种稀缺的能力，这种能力最大的缺点是往往无用。

我还是鼓励大家保持读书的习惯，因为读书的根本目的是为了让自己明白世界，看清自己，让自己在无所依靠或者无所事事时，有一种严肃的力量可以寄托。

■ 实操训练 ■

做一次小小拆书家

用精彩摘录、文字书评、PPT书摘、思维导图等方式为你喜欢的一本书做一份读书笔记。

百度关键词"这样读书就够了"找到新浪连载，了解@拆书帮赵周　老师分享的拆书方法，学会把知识变成自身能力的读书方法。

本章推荐

@Dandoliya　的故事

　　@Dandoliya　是四川师范大学2012级文学院美学系影视美学方向的学生，真名叫但愿，他的业余爱好是写影评。

　　2013年3月22日凌晨2点，他发布了一条长微博，是著名影评人崔卫平老师的著作《迷人的谎言》的书评。这份书评用PPT设计，很用心。这一天晚上该书的作者@北京崔卫平　注意并转发这条长微博，使该长微博的阅读量突破了12万。

　　崔卫平老师为什么会转发一个素不相识的大学生的长微博呢？

　　我们来看一组关于但愿自己总结的读书细节：

　　1. 我把《迷人的谎言》反复认真看了十遍。

　　2. 我摘录了12000字的书摘。

　　3. 我从这12000字书摘里又择优选择了16条最能体现崔老师（尽管只是我的个人感受）文字风格和本书气质的句子。

　　4. 我擅长PPT制作，而在当前微博环境下，图文结合的微博明显比单文字的长微博更能让人愿意浏览，也更易于传播。我把《迷人的谎言》按照"书摘+感想"的方式做成了PPT。

　　5. 这是结合我的专业喜好与擅长技术的一个长微博，自然我不会抱着半吊子的心情去制作，而是把这个PPT当作严谨的学习和思维拓展的方式去反复修改和制作。

6. 微博发布后，我主动@北京崔卫平　老师和@铁葫芦图书　，期望引起他们的关注。

7. 这次PPT书评只是我长期练习影评写作和PPT设计中的一个。

从2012年11月开始，但愿就制定了一个计划，每天在博客上写下一点东西，逢周末与节假日他就要求自己要比平时多写一倍的量，并命名为"千日谈"系列。

但愿这么做，并不是为了让自己红，而是希望让身边的网友和朋友监督自己养成随时随地思考和写作的习惯。

或许这样的习惯和他未来的职业、生活毫无关系，也没有任何实用性，但他还是想继续做下去。因为他觉得只有这样做，才能让自己的理性思维能力，不断得到提升。

Part 3
社团和实践

告诉别人参与了哪些事情，叫工作经历。告诉别人可以独立完成哪些事情，这才叫工作经验。工作经历多不代表你有工作经验。一个人不是因为上班时间长就是工作经验多，也许他一辈子都是在重复一件事。只有认真总结自己的工作经历，才能获得真正的工作经验。

我该加入各种社团吗？

　　大学社团是大学的一道风景，广义的社团也包括班级干部，很多人在大学社团工作锻炼了能力，结交了朋友，留下许多美好的回忆。客观而言，大学生有无社团工作经历也成为毕业找工作的加分项。

　　也有很多人认为，大学社团早不是锻炼学生能力的舞台，已被严重世俗化，进了社团反而沾染一些社会上不好的风气。有的同学说，虽然社团活动能培养人的交际能力，但与社会的联系太少，真正能学到的东西少之又少。他问我加入大学社团真的有意义吗？

　　我不认为在大学就一定要加入学生会，更不认为成为学生干部就是一种成功，尽管一个学生干部的身份的确对求职就业有帮助。

　　我支持大学生积极加入各种社团组织的，但是大学生应该考虑自己的特长和时间，选择适合自己的社团。

一个人的加速成长的机会往往在于他生活的平衡是否被打破。他进入了一个新的平台或环境，就会发现很多新东西，新知识乃至新压力，这些新东西会驱使他去付出。在大学加入自己喜欢的社团是一条打破平衡，加速成长的可行方式。

现在的大学社团包容度远远比我读大学的时候要大。现在搞一个社团，要主动推广发展成员，要当上社团领导还得公开竞选，组织社团活动还得到处拉赞助，现在的社团比我们读大学时更能发展个人兴趣，结识新同学，培养自己的组织管理能力和商业头脑。

选择加入不同的社团就是提前锻炼了你求职的能力，因为加入一个社团也需要递交材料（简历）、当面交流（面试）、展示才艺（实习）、发挥作用（工作）、寻求发展（竞聘）。

如今大学的社团种类非常多，其实大学生是否加入社团并不是关键，关键是加入一个真正适合自己的社团。绝大部分大学生对大学社团的了解是非常不足的，现在的大学除了各种团委组织的社团，还有很多校企社团、公益社团。

表四：大学社团类型一览表		
社团类型	代表	备注
高校官方组织	团委下属的各种文体活动社团，代表有青年志愿者、大学生职业规划协会、创新创业协会、街舞协会等等	由学校团委统一管理，每年开学定期举行招新
企业商业组织	新浪微博协会、人人校招协会、百度百科校园、华硕硕市生、苏宁易购商学社、联想Idea精英汇、强生俱乐部、宝洁俱乐部等等	围绕合作企业的发展理念进行运营，活动形式多样且强调创新，在资金投入上强于官方社团
类公益或NGO组织	黑苹果青年、Enactus（原名SIFE）、AIESEC、山水自然保护协会等等	主要分布在985、211高校，活动周期长且质量高
院级专业性社团	市场营销协会、电子商务办会、会计协会、人力资源协会等等	院系组织的专业性社团
行政机构组织	广播台、视频台、新闻社、记者团、艺术团等等	属于半官方职能机构
非正式社团	老乡会等等	聚餐，团购回家车票

　　像新浪微博、人人校招、百度百科这样的企业，黑苹果青年、Enactus（原名为赛扶（SIFE））、AIESEC等都积极在全国各地高校发展对应的学生社团，而且经常组织优秀或热心的社团骨干，参加企业的培训和实习计划。加入这样的社团，就有机会和全国各地大学生朋友进行交流，社团会请到一些名人给团员做免费分享。

　　当然，越是优秀、知名度越高的社团进入难度越大，有些社团需要特别的才艺，加入一个好社团是需要过五关斩六将的。

　　另外要提醒一下，有些社团的指导老师或负责人，喜欢把自己的工作让社团同学免费去做，这是一种非常不好的作风。所以，加入社团前可以找在社团的老乡或者老生了解一下，如果社团的负责人是这种德性，还是放弃比较好。

想了解关于大学社团更多知识，请微信回复关键词"社团"或"社团指南"。

■■ 实操训练 ■■

如何选择我要加入的社团

请结合一下你们学校有哪些社团组织？你参加这些社团的目的是什么？完成下面的列表，我希望你的选择理由是因为前面五项。

社团名称	表五：加入大学社团的理由一览表							
	理由							
	培养兴趣	扩展人脉	充实就业履历	积累工作经验	有助专业学习	有助评奖学金	有助成绩加分	有助入党

在社团里感觉学不到东西?

有的同学抱怨加入社团就是被老团员当免费劳动力使,忙来忙去学不到什么东西,反而花费了大量时间,耽误了学习。

这的确是个问题,但是更重要的问题是,假如你做一些琐碎简单的工作,是否就一定学不到东西?

这里想讲一件小事情。在高校演讲,经常看到打着欢迎我的横幅。仔细想想,在工作中挂横幅的机会还真是非常多,无论你在哪个单位,无论是内部活动还是外部交流,横幅这个东西都用得上。

对于没有工作经验的人来讲,他知道开大会要做一条横幅,但是对有工作经验的人,他会很快告诉你这些问题的答案:

1. 请问横幅多少钱一米?(没有经验的人会问多少钱)

2. 常见横幅有哪几种方式制作,品质差异是?

3. 不同的方式价格差异是?量大有没有折扣?

4. 从定制到拿到成品需要多少时间?

5. 横幅用什么字体好看?

6. 如果横幅要写两行，下面的字体多大？一般写什么信息？

7. 你单位附近有哪些商家提供类似服务？哪一家信誉好？哪一家速度快？哪一家提供送货上门安装服务？

8. 你有他们的联系方式吗？

9. 如果你自己不知道做横幅，知道谁能搞定这件事吗？

10. 在你需要帮忙的时候，如何才能让他帮你落实这些事情呢？

不知道参加过社团的大学生，关于横幅这些问题有几个有信心告诉我所有答案？

告诉别人参与了哪些事情，叫工作经历。告诉别人可以独立完成哪些事情，这才叫工作经验。工作经历多不代表你有工作经验。一个人不是因为上班时间长就是工作经验多，也许他一辈子都是在重复一件事。

其实，把刚才的那十组问题简单替换成其他琐碎工作，一样可以总结出很多结构化的流程。假如你坚持每日总结做过的事情，把各种零散的细节串联成完整的流程，这就是在攒工作经验。将来一旦有机会动手，就能更好更快地做出恰当的选择。

很多人有了经历，却少了总结，长期下去，越来越依赖本能习惯做事。他做得很好，但是换一种情况，应变能力就不足。

一个人的工作经验来自于在不同岗位的工作经历，更来自他对不同工作的总结能力。不要因为事情简单就不去总结，不要以为自己经历过就是知道。养成随手记录工作内容，并思考工作细节的习惯，才能让你拥有和别人不同的工作经验。

当然，总结不是记流水账，和前面写论文要求一样，先构造一个整体框架，再灌入各种细节。

有一个学生当上了组长。当开班会需要大家提建议时，大家一点意见都不提出来，总是她一人想点子做决策。队友们积极性不高，她却一点办法也没有，常常感觉很气馁，想放弃当组长。

我觉得这真的是一个非常值得探讨的案例。

第一，这不是个案，而是普遍现象；第二，这不是大学才会遇到的问题，而是整个职场都会遇到的问题；第三，谁能解决这样的问题，谁就更有可能成为组织需要的管理型或领导型人才。

在社团不管遇到怎样的问题，都不会是单纯的个人问题，也不会是单纯的组织问题。我们可以为问题做一个分类表。

表六：问题分析对策表			
原因类型	具体分析	具体对策	
组织问题	缺乏目标	让每个人承诺自己的任务和进度	
	缺乏激励	给予完成优秀个人内部奖励	
个人问题	自身问题	技能不足	提升沟通表达能力
		缺乏权威	用服务而不是Leader的心态
	他人问题	个性冲突	学会换位思考，注意沟通形式
		习惯拖延	加强一对一监督和检查
	团队问题	沟通不畅	用书面计划方式约定进展
		分工不明	每个人要复述自己对任务的理解
环境问题	缺乏共同工作的感觉	申请定期聚会的时间和场地	

　　我把她的问题做了一张对策分析表，一般工作中遇到的问题大都可以用这三个方面来归纳。其中最难解决的是组织问题。大家最容易关注自身能力问题，并容易把其他问题带来的挫败感都归结到自身能力不足，而没有看到自己在这个过程中的进步。

　　即便大家都不愿意听你的，这也不意味着你没有组织能力。假如你愿意思考和总结，并以此不断调整沟通方式，那么现在经历的挫败都是培养你的组织能力。要感谢这些磨练，让你将来可能比没有经历过磨练的同学更有组织能力。

　　一个人想成为Leader，光靠以身作则不够，得有激励处罚机制，得让大家认识到这件事情与大家的利益，得约定合理分工，明确每个人的任务。

　　如果谁要当组长，就得和每个人约定一个明确的任务。所谓明确，就是内容具体，格式规范，时间确定，流程清晰，做到这些你才有希望激活一个团队。等任务开始执行时，你得想办法让大家看到进步，找到成就感。有了共同的成就感，团队才能继续。

　　这些小事情放到职场，就是管理技能，这些管理技能完全可以在大学社团里面提前磨练。

　　写到这里，想起有一本美国人写的书，书名叫《如何在大学里脱颖而出》，值得你们去看一看。

■ **实操训练** ■

请你了解打印一盒名片多少钱？

1. 在职场，很多人需要制作名片，一些社团工作的同学可能需要名片。打印名片是一件很小的事情，制作一盒名片要多少钱？你先猜猜看？

2. 请想办法去联系制作名片的供应商，了解不同规格名片的价格以及交付周期，看看别人的名片设计，把你看到的关于名片的心得总结后写下来。

大学社团如何策划一场讲座?

我因为会一点PPT,帮大学生指导过简历,所以经常有机会被全国高校社团邀请去学校做讲座。

在被社团邀请过程中,我观察到很多同学热情有余,做事情积极但不专业,常常是犯了很多错误自己也不知道。作为讲座嘉宾,我常常说的一句话是,你经历过的事情并不一定能成为你的经验,除非你能把你的经历总结下来,成为别人可以参考的内容,这才是经验。

任何工作,你都先要建立一个总体框架。我把邀请嘉宾讲座分为五个大阶段:

1. 活动策划→2. 嘉宾预约→3. 正式邀请→4. 现场活动→5. 活动总结

阶段一:活动策划

邀请我讲座的社团五花八门,大部分社团是看到我鼓励他们邀请我去高校讲座，便尝试邀请而成行。

但实际上一个社团要发展，应该有自己的定位，不能满足于邀请了名人讲座，你需要认真考虑如下问题：

讲座听众：针对哪一类目标人群？

讲座主题：设置哪些目标人群感兴趣的主题，能否得到官方预先认可？

可邀请嘉宾：这些主题可以找到哪些嘉宾来讲，能否长期合作？

讲座规模：准备组织多大的规模，场地是否有保障？

讲座费用：要多少宣传费用，嘉宾差旅及礼品费用，人工成本？

讲座时间：讲座可以安排在哪几个大时间段？

这里面的关键是第一活动主题要目标人群感兴趣，第二能得到官方认可。没有第一个条件，活动组织不起来，没有第二个条件，活动连组织的条件都没有。

有的同学在网上和我预约讲座，却根本没有事先和学校沟通好，先和我沟通了半天然后再去找学校时被学校拒绝，再很遗憾告诉我对不起学校不同意，这样就是犯了初级错误——必须先得到内部许可再做邀请。

要对外沟通，必须先在内部搞定关键资源，有把握才能邀请嘉宾，否则就会浪费大家的时间。

学校还会有一些活动安排，可能会有日程冲突，这些也应该由社团同学自己提取先搞清楚，避免临时发现借不到场地而尴尬。

阶段二：嘉宾预约

嘉宾预约阶段也是让我头疼的，很多同学会通过微博私信联系，而不是正式的邮件联系。

私信联系的毛病简单说三点：

第一，不正式；

第二，越是名人越是私信多，各种骚扰，很容易遗漏；

第三，私信很难事后检索，增加他人事后跟踪关闭的难度。

很多嘉宾，在自己的博客或者微博提供了邮件联系方式，但是很多同学并没有去找，反而是不断问嘉宾联系方式，这会让嘉宾觉得你的办事能力欠缺。

如果你要发邮件邀约嘉宾，你尽量言简意赅说清楚这些事情：

你是谁？——一句话说明你是哪个学校哪个社团什么职务的谁？

你想做什么？——邀请嘉宾来干什么？期待主题，对象和可能规模，是否对社会开放？

讲座地点在？——由于现在大学往往有多个校区，还有很多是不同地方的独立学院，所以要稍微介绍一下你们学校的地点，便于嘉宾判断行程。

宣传方案为？——如果要进行校内外宣传，会如何宣传？这点对嘉宾判断讲座价值很有意义。

有什么要求？——时间、能否解决往返路费及差旅、有无报酬？如果讲座内容需要校方审查，也需要提前说明。

更多介绍——讲座的影响，促进嘉宾答应你的邀请。

下一步建议——如果嘉宾同意，你们将做什么？希望嘉宾反馈的时间最好也说明。

你的联系方式——你应该提供自己的全名，电话，邮件，微博微信（假如有的话）信息，便于嘉宾反馈。并可以请嘉宾提供他方便的联系方式。

有的同学邮件开篇就是大幅介绍社团，这不是不需要介绍，但先说明你的核心内容再介绍更好。

有的同学社团介绍洋洋上千字，能否压缩提炼到300字内更好？毕竟看一封长邮件很费时。

如果邀请嘉宾有时间要求，可以给嘉宾几个可选的时间段，便于嘉宾考虑行程有无冲突，有时候因为时间冲突不能成行也是正常的。这个时候你们应该有一些预案，比如就同一话题，准备几个备选嘉宾，一个不行，就邀请另外一个，争取把活动搞起来。

如果邀请嘉宾，但是不能解决路费、住宿和餐饮，或者没有报酬，必须提前说清楚，按正常的情况，谁邀请谁要承担基本的交通餐饮路费，总不能让嘉宾来学校做演讲，还自己掏钱倒贴路费餐饮食宿吧？不是嘉宾都在意钱，但是作为礼仪，涉及费用的问题要先说清楚，避免后面误会。而且嘉宾也会考虑讲座的成本自己是否愿意承担，说清楚好做判断。

还有的同学设计详细的邀请函，这很好，但是尽量不要用附件格式，直接粘贴到邮件里面，做好排版，会更方便嘉宾浏览。

什么叫作做好工作的细节？——其实就是与人方便与己方便。

阶段三：正式邀请

如果能够得到嘉宾的正式许可，约定时间，你们就应该争取学校的官方正式批准，这样才能借教室。借到教室才能够给嘉宾发出正式邀请函。

现在邀约嘉宾一般通过邮件，这份邮件建议按如下格式去写：

上一次情况简介：必须再次说明你是哪个学校哪个社团什么职务的人，让嘉宾回忆上次我们做的约定，还有后面的进展。

邀请函：讲座主题，讲座时间，讲座地点，讲座对象，讲座预期规模，讲座的议程（包括答疑、抽奖和合影等安排）。

宣传方案：如果需要嘉宾提供资料，这里可以提出要求。

接待方案：接待方案包括嘉宾来学校的吃住行安排，有无安排接车，有无安排食宿，谁会陪同，有无安排送行专车，这些你都要替外地嘉宾考虑到。

详细行车路线：从车站到讲座地点路线，包括大学内路线。

特殊要求：比如嘉宾对住宿方面的要求，对讲座规模的要求，对订票方面的要求，是否需要嘉宾提供奖品，转发活动微博，嘉宾提供自我介绍的内容（这个建议我们做好，给嘉宾确认）等等。

费用报销说明：如何报销费用，是当场现金还是事后转账，是否要嘉宾提供票据等等。

再次提供负责人以及接待联系人的电话。

正式邀请函发出后只是工作的开始。

第一，要得到嘉宾的正式确认，因为有些嘉宾可能时间临时有冲突，不得不变卦，我们要做好预案，比如改日再约。

第二，如果宣传方案得到嘉宾的认可，需要把宣传的文案给嘉宾确认，这个包括校内海报还有宣传微博的文案。

如果是微博文案，必须考虑是否要说明时间地点主题，还有是否对外开放，如果对外开放应该在微博配图里详细说明行车地点，便于校外朋友自己查找。

第三，你们应该告诉嘉宾关于讲座的听众情况，他们是谁，想听什么，关注什么问题，是怎样的水平，便于嘉宾做一些针对性的准备。

第四，社团发微博也要注意，首先，不要发N条微博，反复顶一条胜过发N条；其次，微博文案要精心设计提高吸引力；再次，微博里不要@ 一堆人，应该私下邀请同学们转发，转发有了一点影响，再请嘉宾转发，让嘉宾看到你们的能量，感到被重视。

第五，如果有食宿接待，应该提前说明你的安排是什么。

第六，特别提醒大家注意，讲座的规模不一定求大，但一定要让嘉宾感觉到活动组织得很成功，也就是上座率一定要努力保证。比如你借一个300人的教室，最后只来了100人，会场给人感觉就很不好，嘉宾也觉得自己的讲座不受重视。我觉得邀请嘉宾来讲座，却组织不起来几个人听，这是很不礼貌的事情，因为浪费社团的精力，也浪费嘉宾的时间。

阶段四：现场活动

现场活动其实也分活动前、活动中两个阶段。

活动前包括宣传、接待、预热。

宣传中容易忽略的细节：

1. 传统的宣传方式不说了，到了学校应该让嘉宾看一看，嘉宾看到自己在学校很受重视，会很开心。

2. 现在大家都很重视新媒体，主要是微博微信，如果有微博墙，一定要策划和引导同学们发布，如何引导是有学问的，要有一些同学发布样例，让其他同学明白怎么做。

3. 如果在会场过程中要发微博，应该提前有所准备，不要临时发一张照片，然后配一句话，不妨事先想几句和嘉宾匹配的文案，再配发多图微博，效果会更好。

接待中大家不容易注意的细节：

1. 要在讲座开始前一周或者三天短信提醒嘉宾注意行程安排，怕他忙忘了。

2. 要在讲座前三天短信接待人电话还有详细路线，便于嘉宾打车或行车。请务必短信，不要邮件或者私信，短信才方便嘉宾看！

3. 要在讲座前一天再次礼貌确认嘉宾日程安排，告知当地天气情况，询问嘉宾是否需要接车，有可能嘉宾是从别人现场赶过来，不需要你们接。

4. 接到嘉宾后要马上再次和嘉宾确认现场活动流程，有无预热，有无其他领导讲话，有无其他社团宣传，有无答疑环节，有无过程互动，有无抽奖环节，活动后有无合影环节，嘉宾对活动整体时间控制要求，还有演讲完后住宿安排。具体如何操作，需要给嘉宾简要解释说明。

5. 如果有正式餐饮安排，需要给嘉宾介绍主人和陪客，让嘉宾感觉轻松。如果没有正式餐饮只是便饭，也需要表示礼貌歉意，并感谢嘉宾支持工作。

6. 如果现场对嘉宾有介绍，介绍文案也需嘉宾再次确认。

7. 如果嘉宾来得比较早，应该考虑安排一个休息的地方，准备茶水，并顺便问问嘉宾演讲时喝什么饮料，有的嘉宾无所谓，有的可能不能喝凉水。

8. 特别要注意嘉宾的演讲PPT要求，是否需要投影，是否需要无线话筒，是否用自己的电脑（如果是，需要提前测试笔记本和投影仪是否可用），是否对Powerpoint版本有要求，是否需要遥控笔，是否需要白板，这些细节需要提前测试和确认。

现场活动流程大家容易忽略的细节：

1. 如果有微博互动，需要进场时进行宣传，建议给入场同学发一个名片式小卡片提示如何操作，大屏幕往往滚动太快，看不清。

2. 开场应该介绍活动流程，有无答疑（请大家提前准备问题，写到纸条上），有无抽奖（非常重要，留人的关键），是否可以在结束后合影，如果嘉宾行程紧张，也要事先说明，告知大家今晚嘉宾可能还要赶赴其他地方，不能多留，机会难得，抓住机会提问。

3. 现场活动过程中，要特别注意提问环节，因为会场大，提问声音可能听不到，提前应该测试话筒的音量，安排同学快速传递话筒，如果没有话筒，也要考虑如何方便嘉宾回答，比如收纸条。

4. 活动后会有很多同学可能要找嘉宾签名或者合影，应该考虑引导一个座位给嘉宾签名，并组织会场秩序，控制时间，以免耽误嘉宾的后续行程。

5. 活动结束后应该有专人安排嘉宾送到目的地，如果嘉宾留宿，应该有专人负责嘉宾第二天出行接送，避免嘉宾因为疲劳误点，或者人生地不熟误事。

阶段五：事后总结

事后总结分对外宣传和内部总结。

1. 对外宣传包括内部新闻宣传还有新媒体宣传，特别是微博这样的宣传，应该追求深度和质量，一条写得好的微博，不但能够概括活动的亮点，还会引起参会同学的吐槽，这个好微博也会让嘉宾开心转发。微博的形式可以分"点评+现场多图照片"，思维导图或PPT心得等形式，不要满足于拍个现场照的水平。

2. 讲座结束后1-2天内应发一封感谢信给嘉宾，感谢他的到来和支持。并且就讲座现场反馈给嘉宾一个汇总，也请嘉宾对活动本身有什么建议或不满希望给予指出，好方便我们日后改进，留下经验。

3. 全部活动完成后应该像我这样做一个系统总结，这才是主办者最大的活动收获。

什么是好总结？是别人看了你的总结知道自己也可以怎样做，这才是好总结！

否则你做再多的工作也不过是经历，不是经验！经验一定是经过结构化思考后可以系统复制的东西。

写到这里，不知道你对举办一次社团讲座是否有了新的认识？很多人问我在大学里没有拿奖学金，没有做过部长，没有参加过大赛，写简历没有内容怎么办？

我的回答总是：**一个优秀的人只需要完整做一件事，就能充分证明他的能力。**

社团占据太多时间怎么办？

有的同学社团工作很投入，慢慢会发现工作越来越多，责任越来越大，最后发现社团工作和学业产生冲突，时间不够用了，严重影响了学习。

在加入社团之初就要记住不能因为加入社团而耽误学业，学业是根本，社团是锦上添花。很多同学大学有很多社团经历，偏偏专业成绩一塌糊涂，我想用人单位也许会觉得你做事情主次不分呢。

对于已经发现自己时间不够用的同学，应该把这件事情看作是一个学习时间管理的机会。因为在职场，每个人都要同时兼顾不同的事情，工作之外还要兼顾家庭、朋友。你在社团遇到的困难，将来在工作中一样会遇到。

其实，不要把学习和社团看作是两种非此即彼的选择，完全可以兼顾。是的，加入社团后，你要兼顾学习和生活，时间会变得支离破碎，可以退出社团重新获得大块时间来解决问题。在大学还有退出的自由，但将来到了职场，是不可能退出的。

有同学向我：你是大学老师要带课，又在外面做讲座做培训，又在网上教我们做简历，还有时间玩微博微信，一年还能出几本书，我们做学生都觉得时间不够用，你哪里有这么多时间做这么多事情？而且写书需要大量的时间，你一天到底睡几个小时？

这个问题是很多职场人的苦恼。上班后要兼顾工作和生活，时间会变得支零破碎，想做一点正经事情都抽不出时间。

还有人抱怨微博、微信本是想用来打发碎片时间的，慢慢上瘾后，总是忍不住去刷屏，结果很难静心完整地只做一件事，失去了长久专注做一件事情的能力。

如何解决这一困境？有人提出要恢复专注静心做事的能力，这是一条出路，但我认为，绝大多数人不能奢望通过获得大量空余时间来解决问题。

读大学，你有找到大块时间做事情的可能，但在职场，你是不可能指望挤出大块时间做工作。有句老话：计划不如变化快。现代职场，总的趋势就是工作时间越来越碎片化。没有微博微信的时代，我们的工作时间早就被电话、邮件、QQ、会议打断成了碎片，而微博、微信只不过加剧了这一趋势。

认识到这一点，我觉得真正的问题是人有没有办法利用碎片时间完成系统的工作。或者说在碎片时间工作模式下，我们依然能够保持连续和整体化的思考，同时又不丧失快速反应能力。

大多数人会有一种误会，认为重要的工作一定需要大块的时间来完成，比如写一篇文章，至少需要一个上午不被打扰。

我们在写文章的过程中，往往会出现两种情况：第一种是下笔如有神，给你一个安静的时间段"一蹴而就"；第二种是写了好几个开头，都无法深入下去，只能换个时间再写。

为什么会有两种不同的结果？答案很简单，写起来顺畅的文章是，因为你原来就这个问题有很多的积累，所以给一个安静的时间段就能下笔。假如你对要表达的问题缺少积累，给再多的时间也无法写好。

有些工作的确需要大块的时间，但如果不是提前做够准备，这些大块的时间并不会被高效利用。

我的写作习惯是"五分钟文章法"：

一篇完整的文章=五分钟构思+半小时提纲+五分钟构思+半小时提纲+五分钟构思+……+五分钟构思+两小时高效率写作+五分钟修改。

当我需要写一篇文章时，往往没办法安排一个白天甚至一个上午的时间，即便安排了也没有灵感动笔。我会预定一个写作时间，在此之前，利用一切可以利用的碎片时间提前构思。

这里讲的构思可以是带着问题查资料、找素材、请教他人，也可以是随手写下一些灵感，这样的构思片段多了，我就抽出相对完整的半小时，把碎片灵感整合成一个提纲，或一个小段落文章，然后继续积累素材。攒的内容多了，自然有写的欲望，那个时候我两个小时就可以一口气写完5000字，甚至10000字，并且质量还不错。

做其他的工作也是如此。比如营销策划、项目计划、书籍出版，很多智力劳动都可以利用碎片时间完成。

再说一个案例。微信公共平台我第一时间就注册了，但一直没有公布，因为没有想清楚该怎样推广。我便利用零零碎碎的时间想了很多问题：

1. 微信的使用人群是谁？他们希望看到什么信息？我们应该提

供怎样的微信内容才有可能抓住他们？

2. 微信和博客有什么区别？微信和微博有什么不同？我们应该在何种时段，以何种节奏、何种形式发布微信，才能不让收听者讨厌？

3. 微信如何才能借助收听者的力量转发？微信又如何能够借助制作者的影响力来传播？

4. 如何维护微信的内容？

5. 如何和微信粉丝互动，甚至让他们彼此互动？

6. 维护一个微信得到的回报到底是什么？

以上种种问题，我思考了很久，同时在观察身边朋友、名人、企业的微信运营，在大脑里一遍一遍预演可能会遇到的问题。这些思考，绝大部分都是利用碎片时间来完成的。

在思考的过程中，我会和朋友简单聊一些想法，几分钟的碰撞往往又能激发更深入的思考，等想法积累到一定程度，集中一个时间将这些想法快速形成系统文档，然后对照文档开始实施。

这就是现代人必须建立的一种时间管理能力：**利用碎片时间完成大块的工作**。我的很多朋友，都有这种能力。

认真思考你认为需要大块时间完成的工作，看看能否分解成可利用碎片时间完成。

鲁迅先生说："哪有什么天才，我只是把别人喝咖啡的时间用在工作上。"我想鲁迅先生一定也是具备了利用喝咖啡这种碎片时间工作的能力。

我给很多朋友介绍完碎片时间利用的经验后，他们觉得非常有道理，但实施起来往往效果不明显。其实他们没有为自己的碎片时间建立结构化管理的方法。

下面简单介绍我的方法：**学会给单位碎片时间寻求多元化用途。**

现在问自己一个问题，你可以利用的最小单位碎片时间是什么？是一分钟还是三分钟？

一分钟可以干什么？

三分钟可以干什么？

五分钟可以干什么？

十分钟可以干什么？

……

大部分人面对这个问题很难给出超过三种以上的回答，有的朋友甚至回答刷微博。

当碎片时间找不到合理的用途时，最大可能就是浪费在无意义的事情上。

我要求大家为每一个单位碎片时间找到至少三到五种有价值的用途，比如三分钟内可以回复一条短信，回复一个消息，收看一个不重要的邮件，刷一下微博，用手机练习手绘笔某个单点技巧，构思一条微博，查找一个方案素材。

然后进一步思考在公交上的三分钟能干什么？在教室里的三分钟能干什么？在卧室里的三分钟能干什么？

建议动手做一张表格，这样在任何场合，一有碎片时间，马上安排其他工作，而不是临时去想干什么。碎片时间用途越多，你的时间支配自由度就越高，从而可以在短时间内完成不同的工作。

这样你就能把每天的碎片时间串联起来完成一件重要的工作。我这篇文章就是利用交通路上一点时间攒灵感，然后花上一个小时整理出提纲，再通过各种交流途径得到大家的反馈意见，然后又在上班路上继续攒灵感，等到一个相对不忙的时间封闭自己，一口气把内容写出来，真正写作的时间大概只花了一个小时。

与其养成依赖大块时间才能做大工作的习惯，还不如提前训练利用碎片时间处理各种问题的能力。当然，我并不是说有些工作不需要大块的时间，而是利用好碎片时间，可以大大节约大块时间，或者提高大块时间的利用效率。

我有时会接到一些很难拒绝的琐碎工作。比如，我的PPT做得不错，领导经常找我帮他美化PPT，但这本不是我的工作。

帮别人做PPT是苦差，每个人都知道，谁摊上谁就得牺牲自己的时间。当然有朋友建议，既然你这么有才，干吗不跳槽，或者换一个单位发挥？这样想的朋友很天真。我从来不指望有一个能够让自己充分发挥才华的环境。

我只希望认认真真做好PPT，努力做出创新的设计。

我在设计一个PPT时，同时做到扩展设计经验、丰富课程体系、完善新书案例、构思干货视频、博客分享话题、积累写书素材等，大大节约了我的时间。

在社团遇到时间管理的压力，也许是逼你学会时间管理的机遇。当然，如果实在难以兼顾，就得壮士断腕，优先保护你的学业。

有时候我会任性放纵自己玩微博，不想处理任何工作，但是管理好时间的目的，不恰恰是能让自己浪费一些时间做别人看起来无意义的事情，而你自己又乐在其中吗？

学习时间管理的本质不是为了更有效率地工作或者学习，而是为了更加轻松地生活。最后推荐一本值得一看的书给大家《如何掌控自己的时间和生活》。

■**◆**■ **实操训练** ■**◆**■

写下你的时间碎片用途表

在不同场合你有哪些碎片时间，你分别能用它干哪些事情？欢迎填写你的碎片化用途表，把你的总结编写成微博@秋叶语录　老师点评。

表七：碎片化时间用途归类表		
场合	**碎片化时间单位**	**你分别能用它干哪5种事情？**
教室	5分钟?	
	10分钟?	
	20分钟?	
寝室	5分钟?	
	10分钟?	
	20分钟?	
公交	5分钟?	
	10分钟?	
	20分钟?	
候车	5分钟?	
	10分钟?	
	20分钟?	
……		

社团也有许多不公平！

很多大学生很真诚，正因为真诚，所以眼睛里容不得沙子。现在的大学生社团多多少少沾染了社会不良风气，毕竟学校也是社会的一部分，难以免俗。

但我不建议同学们先预设立场，认定社团就是黑暗或者就是搞形式主义。我们不要用情绪排斥外面的世界，或者选择性相信某一个世界。相信这个世界是充满善意和相信这个世界一团黑暗都是一样的天真、无知。

应该记住，**不同的人做同样的事，可以做出不同的结果**，这才是比较正面的思考。往远点说，你们迟早要步入社会选择不同的单位，单位也可以看作是一个个大大小小的社团，这里面有的工作氛围你喜欢，有的工作氛围你不喜欢甚至厌恶，但是因为种种原因不得不待在其中，你是选择离开还是随波逐流？

发现社团的不公平，你不也正好可以提前体验一下，给自己将来增加一些适应社会的能力。

曾收到一位朋友的来信，说他的同学不符合规定拿了奖学金，是否应该举报呢？不举报，同学明明不符合规定却拿了奖学金，这不公平；举报，似乎是出卖了同学，显得不那么道德。要彻底说清楚这个问题，还真是很不容易。

首先必须肯定一点，举报没有什么错。因为不符合发放奖学金的同学拿了奖学金，假如没有人举报，那么他就是通过不道德的手段获得了本应属于别人的奖学金，这不公平。

但那位同学明知自己不符合条件，依然怀着投机的心理。从管理的角度看，这说明奖学金审批环节制度设计出了问题，让人发现有空子可钻。而这种管理的问题最后成为困扰举报人的麻烦，这是制度设计的失败。

并非所有的不公平你都能容易辨明是非曲直。

另外一个有意思的案例。我收到两封信：一封来信中，同学说自己评选奖学金，虽然成绩很好，但由于没有参与社团活动，一等奖学金被一个活跃社团分子，但成绩略不如他的人拿了，他觉得不公平。另一封来信的人也觉得不公平，一个班长没有得到奖学金，奖学金给成绩最好的人了，班长觉得这样谁愿意额外付出时间做班干部。

这是一个非常有趣的话题，公平和不公平其实来自不同的观察角度。理解这一点，反而可以学会更重要的一课，在了解一件事情是非曲直之前，多听一下当事人双方的意见，会让你有冷静的思考。

网络上，这样的案例很多。一个引起公愤的案例，过不了几天剧情就来了一场狗血大翻转。我想下次你应该知道在跟随群情愤怒时，别忘了民主社会的一道关键程序：

无论你断定对方有多么不对，也应该给当事人一次申辩的机会，之后再发表看法也不迟。

公平不是靠诉诸力量或争取同情去保障的，公平是要依赖合理的程序保障的。在我们讨论一件事情公平不公平之前，不妨问自己三个问题：

你的信息是来自单方面的看法还是多方面的调查？

你的想法是对事不对人，还是对人不对事？

你的结论是制度不公平，还是个案不公平？

在公平的背后往往是利益的博弈。最后推荐大家有空读读迈克尔·桑德尔写的《公正》。

■ 实操训练 ■

奖学金怎么发才公平？

1. 了解你们学校的奖学金评定条件，想想里面有没有不公平的现象？

2. 这个不公平是针对个别人，还是针对大多数人？

3. 如果是针对多数人，是不可抗拒的客观因素造成的，还是制度设计不当造成的？

4. 如果是针对个别人，是他们自己的原因还是其他的原因造成的？

5. 当听到不公平的申诉，你是否会去了解被申诉一方的意见？

6. 奖学金评审方的看法又是怎样的？

7. 在微信"秋夜青语"里回复关键词"奖学金"，你会看到全国大学生和秋叶大叔对这个问题的看法。

大学要不要勤工俭学？

近几年，由于全国各地经济发展的不平衡以及高校实行并轨制后收费标准的大幅度提高，高校的贫困生、特困生大比例增加。虽然高校提供了"奖学金、贷学金、社会助学金、学杂费减免、特困生补助"等方式帮助贫困大学生，但大学生解决生活费问题最广泛的途径还是勤工俭学。

我很支持大学生通过自己的双手或大脑劳动获得一些收益，补贴生活费，减轻父母的压力。当然，有的同学参加勤工俭学不是为了钱，而是丰富人生阅历。

有同学问，把大学的时间用来做廉价的劳动力，是不是太浪费了？！

大学生做零工在很多人看来不过是发发传单、送送报纸、去肯德基或麦当劳做服务员等等，对一些女生来说也就是做做淘宝、兼职模特之类。很多大学生觉得做这类工作没面子，收入也不高，学不到东西。

其实，这种想法是错误的。就说发传单这个事情，很多同学在求职简历写上自己有勤工俭学发传单的经历，但是你们能回答如下问题吗？

1. 传单该如何设计才能吸引眼球？不被马上丢弃？

2. 在公交站，小区，学校周边选择哪个点发传单最有效？

3. 发传单最佳时机是什么时候？

4. 什么样的人喜欢接传单？他是营销对象吗？

5. 如何在人群中发现你要找的营销对象？

6. 以什么方式使他们快速接受你的传单？

7. 如果在同一地点存在很多竞争对手如何避免冲突？

这些问题都是当年我们研究发传单过程中一一讨论过的。很小的事情里面往往有很大的学问，这恰恰是大学生们眼高手低看不到的。

很多大学生对兼职比较有兴趣，选择兼职的原因无非几点：一是觉得工作比较稳定，有相对较高的报酬；二是较其他方式能更好地培养各方面的能力；三是可以为以后到公司谋职做职业准备。

兼职的机会相当难得到，限于大学生的能力和工作范围，大学生更可能是接到像家教、卖报、散发宣传资料、送货、营销、广告企划、设计、学校流动教室清扫、食堂清洁工、图书馆管理员、厕所保洁员这样简单单调枯燥辛苦的工作。

家教大概是中国最常见的大学生勤工俭学方式，我就为女儿请过英语、书法、大脑记忆学的家教，他们都是大学生。我有观察他们的教学方法，有的大学生做家教明显只是照本宣科没有章法，但也有大学生有一点教学套路，他做家教就会认真选择教材→分解教学单元→教学过程互动→安排课后作业→定期测试巩固。

虽然家教一个小时的工资不高，但也是一个完整的教学体系。如果能通过做家教积累出做培训的套路，将来在职场会受益匪浅，因为在成人职场培训里很多流程也是相通的。

培养能力最关键的不是你在做什么工作，而是你做工作的时候怎样思考。

一般在高校学生处或团委设有勤工俭学中心，每年安排了一定数量的贫困大学生参加勤工俭学，使他们能够完成学业。但是僧多粥少，难以解决需求。一些中介公司或个人就会利用大学生急于寻找兼职工作的心态，往往以押金或服务费的名义向学生收取一定的费用，钱到手后马上销声匿迹；另外，一些雇佣者利用大学生对劳动保护法规的不熟悉，把他们视为廉价劳动力，任意克扣拖欠工资报酬。

骗子利用大学生轻信的漏洞，骗财的案例很多，我提醒同学们在勤工俭学过程中要加强风险意识，凡是涉及还没赚钱就要掏钱的事情都要多留个心眼。

即便遭遇到骗子也不必太难过，等你走上职场，才会发现，骗子更多。

做一个好人并不容易，因为你得比骗子更有能力。希望打工的经历会让你更好地识别风险，更好地保护自己，这也是一大收获。

■ **实操训练** ■

了解勤工俭学里面的陷阱

1. 了解你们学校附近有哪些渠道提供勤工俭学岗位，画一张表格。

2. 你们学校附近的勤工俭学中介收取押金吗？押金的金额是多少？

3. 这个规定有合法依据吗？

4. 这里面有没有风险？如何规避？

本章
推荐

@小贤去哪儿　的故事

陈维贤来自福建沙县，就读于中南民族大学2010级电子商务专业。

在大一，他怀着一颗"学习"的心态报了13个社团，进了5个社团，包括篮球协会、街舞协会、演讲与口才协会、儒商协会、青年志愿者协会，但没有进传说中"中南民大最牛"的未来管理者协会。

大三的他回忆大一时也会问自己，当时报这么多社团，想要的到底是什么？

由于小贤在社团职位都是外联，他实在承受不了那么多的外联工作，慢慢到了大二就只留"学生会"的外联工作了。在大一，他是年级外联部长，大二是院级外联部副部，大三却成了就业指导部部长了（虚职）。

两年的学生会努力工作只换来了一份虚职！这让他心理有些不平衡。不过到了大三他依旧忙着社团的活动，不一样的是有了自己的团队——他依据网上查到的资料，联系百度百科组建了中南民大百度百科俱乐部！

因为有了大一、大二学生会的锻炼，大三的他有了经验与人脉！

中南民大百度百科俱乐部活动火了，他和他的俱乐部上了校视频台、广播台、当地的新闻媒体报道。

回头来看，他很幸运当初大一参加了社团外联工作，在外联积累下来的人脉与公关基础，使他每次活动都能比别人更容易争取到想要的资源。

小贤用一句话总结了自己的社团生活："大一时，迷茫地在民大协会中奔波；大二时，在实践中慢慢地认识自己想要的东西；大三时，感谢大一、大二的'折腾'，因为这些点滴的积累是我一生的财富。"

Part 4
友情和爱情

年轻的时候，经历一场轰轰烈烈又黯然心碎的
爱情，真的是人生宝贵的经历。
年轻的时候，能交到志同道合的朋友，成为一
辈子的知己，真的是很幸运的事。

我该如何处理和父母的冲突？

有的朋友是想和父母做朋友，但一开口却发现完全没有共同语言；

有的朋友是父母总是对自己的选择习惯性发号施令，要是选择不同的话，就很容易造成矛盾；

有的朋友是遇到问题想让父母帮助，但是发现父母已经完全不能理解自己的处境；

有的朋友抱怨自己好不容易可以很理性处理一些事情了，结果遇到拧不清的父母。

这些问题不光是你们有，我也有。

比如我从来就不能向我爸爸解释清楚什么是PPT？为什么教别人学PPT也能赚钱而不是骗子？更不用说我无法解释那个所谓的独立意志的东西，一不能直接换钱，二不一定能让你更安逸，为什么还值得追求？

至于和父母做朋友，我觉得有时候不要太刻意追求。比如我父母永远把我当孩子，担心我不会照顾自己，见了我就自觉把自己当老妈子来服务我。这样的心态下我父母怎么可能和我交朋友，我只能努力做一些我父母在意的事情，让老人家开心开心，如此而已。

我读大学时，其实很少想着和父母沟通，我也从不想家，我是个比较没心没肺的人。离家万里孤苦伶仃黯然神伤不是我的菜，我读大学的感觉是从此天高任鸟飞，海阔凭鱼跃，从此没有人管的日子好爽。当然我还是给家里写信的，一开始还汇报下近况，免得父母挂念，到后来写信主要是因为又没钱了。

其实仔细想来，我那时候是用距离逃避了和父母冲突的可能性，每次寒暑假回家我也会嫌妈妈啰嗦，不是到同学家去玩一整天，就是盼着早早开学。

逃避可以让矛盾暂时不被激化，但是并没有解决矛盾，一旦到了某个具体环境里还是会爆发。

如果爆发了矛盾，又无处逃避，很多人会选择另外一个策略：对抗。年轻人很容易对父母采取攻击性的态度来处理冲突，这种攻击更可能是言语上的冲突和刺激。我猜测和父母大吵一场的朋友，也许内心有一种特别想在父母这里证明自己成熟的冲动，但是和父母争吵很难解决问题，这恰恰不是成熟的人会选择的做法。

我当年和父母最大的冲突是我的结婚对象，就是我现在的老婆，双方父母都不同意，我们如果选择正面和父母争辩的话，一旦激起了双方的怒火，就真的很难在一起了。

有些父母对孩子从小到大的路都指手画脚，孩子也养成了听父母的话的惯性，这种情况下的孩子很容易选择第三种沟通方式：服从。

放弃的人就是放弃自己的立场、想法还有愿望，也就是选择牺牲自己的意志来满足父母的意愿，这种结果是"子女输里子父母赢面子"，暂时解决了问题。要是父母的选择还真不错的话，子女将来也会理解父母的安排，但是要是子女不满意父母的选择，这个事情将来还是要让彼此纠结的。

如果孩子和父母僵持不下，双方可能会请一些信任的人来疏解，这种情况下，就相当于大家共同把决定权交给了另一个权威人士（通常更有权力或威望）来掌控。这种沟通方式就是：放弃。

这种事情在高考填志愿的时候其实就蛮多。如果你找对人，结果会不错，但是如果你找的人建议未必真理想，或者有他自己的私心在，就比较麻烦了。

那么人和人之间正常的沟通方式其实是：妥协。

妥协不是逃避问题，也不是制造对抗，而是经过沟通找到大家都觉得可以接受的方案。一般而言，妥协得到的方案未必是最理想的，但往往是最可行的。

和父母的沟通，我觉得比较好的结果就是父母能听你讲道理，帮你分析利弊，最后大家找到妥协的方案。

很多朋友问我是回家考公务员还是在大城市就业，其实完全可以就这个问题达成妥协，你可以现在大城市找工作，找到工作同时准备公务员考试。要是我，我会非常卑鄙的让我妈来大城市给我做饭，我节约出时间搞定工作和复习，等熬一年后，看看我能否考上，考得上就多一个选择，考不上这事自然拉倒，工作经验也攒了一年。当然这是一个非常理想的情况，不过我如果能找到合适的工作的话，提出这个妥协方案，我妈会来给我做饭的，这个我敢打包票。

当然还有更好的结果，就是一起想出创造性的方案，达成"双赢"。

比如昨天一个姑娘问我她既想回国在上海实习，又想最后一年多陪陪父母，怎么办？我的答案就是你完全可以在上海租一个房子，让父母过来住，顺便在上海周边走走玩玩，你白天实习，晚上还可以和父母一起享受天伦之乐，这不是很好的双赢解决方案吗？

但是妥协和双赢是理想的情况，真正的情况是父母和孩子的沟通往往都首先带着情绪沟通，而不是基于理性沟通。但人和人处于情绪中的时候，沟通的结果很容易走向对抗，而对抗的结果往往是意志力弱的一方服从意志力强的一方。

在我们家就比较典型，我其实是有想法必然会千方百计搞出来的人，我弟弟其实是想得多做得少的人。那么在和我父母沟通时，我往往对父母的不理解采取逃避的态度，父母说我我都当没听见，也不辩解。自己跑掉，来一个眼不见心不烦，做成了再告诉父母，反正结果不错的话，父母都会开心。因为他们担心来担心去，就是怕你过得不好，要是这个没有问题，其实没有什么不好解决的。我弟弟反而更容易在言语中去争辩，争辩完了其实精力也耗费在制造情绪上了，也没有什么用。

这样看来，和父母有冲突时有逃避、对抗、服从、放弃、妥协、双赢六种方式，我觉得在不同的环境下，六种方式其实都可以采取的。**理性和不理性的人区别并非是不会和别人冲突，而是理性的人是为目标去努力，不理性的人是被情绪驱动去沟通。**

再说一句，今天聊的六种沟通方式，不仅仅是父母之间，也是你们未来和同学之间，和恋人之间，和老师之间，和你未来的职场同事领导之间的沟通方式。

对了，不到万不得已，不要用对抗的方式，但也不要只会逃避和妥协，那样你牺牲了你的意志，也未必换得来安宁。

◼ 实操训练 ◼

了解人际沟通的六种模式

这六种沟通方式其实都需要在和人沟通过程中不断加以练习的，和父母的冲突其实是练习风险最小的一种。因为父母虽然未必能理解你，但他们对孩子的爱，总是最后选择包容你的选择，甚至是任性。我的建议是，下次你和父母沟通之前，先问问自己，我和父母要讨论的问题：

1. 逃避的方式是什么？可行吗？

2. 对抗的方式有赢家吗？

3. 服从的方式明智吗？

4. 放弃的方式有可靠的权威吗？

5. 妥协的方式有哪些事情可以互相让步？

6. 双赢的方式我有好点子吗？

大学里应不应该谈恋爱？

大学里现在讨论最多的是能不能谈恋爱。法律许可的事情，不代表大家没有困扰，爱情毫无疑问是最让年轻人困惑的一个问题。

我在微信"秋夜青语"里回复的问题，三分之二都是爱情。

我这本书所有的篇幅都希望让大家理性思考，但爱情，是我最不愿意用理性去解释的一件事情。人年轻的时候，经历一场轰轰烈烈又黯然心碎的爱情，真的是人生宝贵的经历。

本节写法和其他章节不同，全部是问答形式，如果你们想知道更多的爱情解答，在我微信里回复"爱情"，会看到秋叶大叔为更多人做的回复。谁都为爱受过伤，我当年也一样，这是人成长的一个过程。

问：大学里有真的爱情吗？

答：我相信哪里都有真爱情，只要两个人都真心付出。只要是人，就会犯错误。在感情这件事情上，人犯错误的概率会更高，因为当情感蒙蔽了理智时，很容易对错误视而不见，而爱情最大的悖论就是，如果这事情太理智，它就不那么像爱情了。

问：大学谈恋爱很普遍，随之而来的分手啊，各种意外啊，在大学谈一场草率的恋爱合适吗？

答：读大学时，我对爱情也很向往，不过我是屡战屡败，屡败屡战。现在回头来看，这些好像都不是真的爱情，更多的是一种冲动，只不过这种冲动因为少了很多利益算计，反而看上去更纯洁一些。

不同的人对爱情有不同的看法，有的人率性而为，有的人三思而行。这个世界之所以可爱，就是因为存在种种和你不一样的人。不要因为别人比你随便就认为你具有道德上的优越感，只要不妨碍别人的生活和权利，选择包容是更好的选择。

我无法说明什么是随便的爱情，只能说不怕一个人底线很低很低，就怕一个人没底线。

问：为什么总是想着一个我根本不了解的姑娘？这是爱吗？什么是爱？爱需要理由吗？

答：对异性的好奇心会折磨你发展出各种情感，但是在没有真正了解爱的含义时不如称之为迷恋。迷恋不需要理由，但爱需要。

年轻的时候经历少，往往以为喜欢就是爱，以为承诺就是永恒，以为坚守就是坚贞。可只有等你懂得付出和回报是对等的，你的爱情才有坚实的基础。

问：爱情要强调门当户对吗？

答：门当户对是有道理的，两个人有共同的成长背景和合拍的价值观。

恋人分手的原因很多，一种说法是两个人性格差异很大，所谓"性格差异很大"除了生活习惯因素，还包括双方价值观倾向，有句话不是说"我们因为误会而相爱，因为了解而分手"。

在准备接纳一个人之前，下面的问题也许可以帮助容易冲动的男生冷静一下。

1. 她经常在哪里吃饭，吃什么口味的菜？

2. 她喜欢看怎样的网站？她爱读怎样的书，看怎样的影视剧，还有喜欢谁的音乐？

3. 她爱自拍吗？她爱晒自己的照片到网络吗？

4. 她的衣服经常换花样吗？喜欢怎样的颜色？

5. 她喜欢安静一个人还是和一群人一起玩？

问：为什么曾说只要和我在一起将来喝粥都很快乐，将来无论怎样都不分手的女孩，突然又回到原来的男友那里，她为什么要欺骗我？！

答：很多时候不是对方要欺骗你，而是人不知道自己要找的是什么，所以要经过很多反复和经历，才知道自己到底要什么，包括理想的爱情。

年轻时以为说出的话就是承诺，可有一天才明白，做到自己的承诺其实需要多么大的勇气和决心。

问：他对我很好，但是觉得在一起不合适，但是又享受他对自己的这份恩宠，这样好吗？

答：当你越享受这种好，越容易产生负疚感，因为你知道内心还在渴望遇见那个懂你的人，却又习惯依赖这份好，等遇到真想在一起的人，你会为自己的依赖付出代价。

问：和前任男朋友同班，见到他都不会正眼看他，简直把他当空气，遇到他就像遇到瘟疫一样避得很远。分手后还经常见面怎么才能避免尴尬？

答：其实这个话题还有另外一个版本，表白之后被拒绝还经常见面怎么办？在大学里谈恋爱有一点特别尴尬，恋爱对象往往是自己的同学，抬头不见低头见。

分手后再见面的尴尬我觉得这完全是正常反应。比较不正常的反应是你会这么想：这个我曾经爱过的男人是多么的优秀，当初他对我是多么好，陪我度过那些美好的时光，让我在孤单的世界里突然有了温暖。这太矫情，也太难，这往往是过了很多年，彻底放下后才能有的心态。

你们见面尴尬，也许是还在意对方又不想让对方看出来；也许是顾虑面子、担心同学们的各种评论；也许是一时无法适应突然由亲密到疏远的距离感；也许还有其他更微妙的原因。

这种尴尬，是不同的原因造成的，所以你无法指望用一个标准答案去解决。但是有一个目标可以去努力，学会用平常心面对自己的过去，不管过去经历怎样的人、怎样的事情。

这个尴尬其实是蛮重要的经历，它会告诉我们如何看待自己过去的选择，如何和有过亲密关系的人相处。有些问题需要用时间来淡忘，无可逃避的事情，最好的解决方案是主动面对。

问：为什么彼此在一起感情很好，但是因为家庭原因还是会分手，不是说真爱无敌吗？

答：真爱过的人也可能分手，这很正常。人会变，情会移，此乃常情。不正常的是人喜欢用曾经的爱去绑架Ta的一辈子。坚持未必是真爱，放手未必不懂爱。是真爱即使分手也会感谢Ta是那些日子里最懂你的人。

问：大三了，没谈过恋爱，是不是很丢脸？

答：不要因为寂寞去恋爱，也不要因为爱情迟来就纠结。应该耐心让自己成长，等待那个能听懂你灵魂歌声的人出现。

问：你是怎样看待爱情的？

答：我理想中的婚姻不是夫荣妻贵，或妻荣夫贵，而是因为遇见你让我的人生变得丰富，因为你让我的灵魂终于完整，因为善待你让我的存在富有意义。要做到这点，需要我们携手走过现实中的风风雨雨，面对生命中的平平淡淡。

世界并非只有一种答案，发生在别人身上的爱情未必就一定可以在你身上复制。每个人对爱情和婚姻都有自己的答案，每个人都希望自己是正确答案，唯一的答案就是我们是人，我们不能拒绝相爱。

如果你想了解秋叶老师的感情故事，请微信回复"十年"。

如果你想了解秋叶老师对大学生爱情中的看法，请回复关键词"性爱"。

⬛ **实操训练** ⬛

学会和异性搭讪

很多人无法找到心仪的对象，最大的问题是他（她）无法在异性面前表现自己的正常水平。我说的不是因为相爱，就是正常交往，在异性面前不自觉紧张也是很多人的通病。请你积累如下经验，这些都是职场需要的沟通技能。

1. 在陌生的环境找一个异性问路并致谢。
2. 参加舞会，主动邀请一个不认识的女孩子跳舞。
3. 代表寝室出面邀请同班的女生参加一个活动。
4. 上课时主动找一个女生同桌，下课聊聊天。
5. 外出活动时主动帮女生拎包。
6. 看完一本书，推荐给一位异性朋友。
7. 打电话邀请一位异性朋友一起去看电影。
8. 发现异性朋友换了新衣服、新发型，主动夸奖。
9. 约异性朋友一起吃饭，快速点好大家喜欢吃的菜。

男友说爱情和性不能分，怎么破？

我在答疑的过程中见过太多女生被男友以"爱情"的名字求上床，那到底是从还是不从，真心纠结。

想用身体留住男生的女孩子是天真，想用爱情逼迫女孩子献身的男生是混账，前者可怜，后者可恨。那性这个事情到底怎么把握才好？

性是正常的生理需求，你们也足够大了，女生有性的渴求也很正常。

我读书那个时代谈起性就觉得是一件特别丑特别丢人的事情，我们就是牵个手也得看看周围有没有人看到。后来我们才晓得性爱也是一件很美好的事情，特别是在遇到对的人的情况下。

现在我们明白了，压抑性需求是一个愚蠢的事情，但是放纵性需求更是一个愚蠢的事情，比如你们可以学习大叔年轻的时候，选择相对安全的方式，比如左手。

有人问大叔，现在的男人还有处女情结吗？当然有，中国男人还有很多都希望自己老婆的第一次是完完全全属于他的！

虽说如今观念开化，4小时钟点房风靡全国。但是现在贪图两分钟的快活，万一将来遇到一个计较的小男人，我可救不了你。

不过大叔也不是提倡禁欲主义，如果两个人真心相爱，只要记住一句话：**自己做的选择，自己将来不后悔就行了。**

我提倡的其实是"对自己的选择负责"主义。

不过很多时候是两个人都是彼此喜欢的，男生想上，女生不让。但是男生步步紧逼，女生左右为难。

这种情况怎么破？

我的看法是，如果你们知根知底互相了解并信赖，其实只有两种选择，一种是改变他的价值观，让他为了你忍耐；一种是改变你的价值观，做一个能享受自己身体体验的女人。

你要相信一个女人活得精彩不是靠一张膜来保证的。至于选择哪种价值观，我觉得要看你是哪种风险偏好的人，不同的人做不同的选择，这个社会才有趣。

如果这个男生你才认识不久，比如说才一个月，他就猴急着上床展示他的种马气质，我觉得你应该好好考虑一下，有些事情冲动过后就不能逆转了，你真的准备好了把身体交给一个人吗？

如果他不能给你安全感，女人对这个安全感的直觉往往是很灵敏的，我的建议是请不要给他机会，避免和他单独在一起时间过长，避免开房，避免两个人出去旅游，避免去一些人少的地方，避免去夜场喝酒，这样你就可以避免一时头脑冲动做出日后后悔的事情。

万一你已经有了性经验，这也不是什么坏事，绝大部分人都迟早要拥有这些经验。如果让你获得性体验的人伤过你的心，甚至留下的也是很糟糕的性体验，我想你也不要过度抱怨，总结一下自己受骗的原因，下次再遇到合适的男人就应该能把握得更好。

有个小女孩和我说：不要太看重你的第一次，但是要注重你的每一次。性其实也是一种需要学习的能力，不要以为人在这些方面的天分都是一样的，性和学习一样，有人很轻松就能考高分，有人很努力也不及格，但是大部分人如果客观对待，愿意学习，这个能力也有非常大的提升空间。

有了性经验，年轻人也容易沉湎，过犹不及，生活中除了性，还得有其他的目标去填补，否则性行为就成为填补你生活中无聊的一种刺激手段，你会越来越依赖这种刺激，感觉自己就变成了一个放纵和堕落的人。

最后提醒一下女生：有些男人不过是被荷尔蒙控制的生物。遗憾的是每个正常的男人都有成为前者的时刻，所以对于男人为了得到你身体的承诺，你要明白，在那个时刻，他的大脑是处于停止工作状态的。

最后我给大学男生说说性爱的建议吧。

1. 如果你有性冲动，这是好事，说明你是人类，如果你没有，我倒觉得这个事情需要检查一下。

2. 有了性冲动，就需要发泄，如果总是憋着，对身心并不好。解决性冲动的方法有很多，自慰（俗称手淫）是最常见的一种。像看色情小说、毛片，甚至转移注意力强迫自己去学习，都是正常的释放方式之一，没有什么大不了的事情。如果你因为偶尔或者某段时间总是想着这些事情而有心理压力，请宽心。当然如果你是沉迷的状态，那得小心了。

3. 比较极端的性冲动释放方式，比如恋物癖、暴露癖、窥阴癖，其实是性压抑或扭曲的性文化观点影响了个人心理带来的心理问题，这样的行为不合乎传统的道德观念，也很可能触犯法律。

4. 我提倡安全的性冲动释放，比如自慰就是一种比较常见的释放方式。

5. 其实严格说自慰对身体没有什么坏处，极端说频繁自慰都没事，如果你的身体受不了，会自动不举的。真正的麻烦是很多男生觉得自慰很丢人，越是如是想，越是忍不住自慰，然后拼命自责，结果让自己的心理陷入巨大的压力，这才是自慰带来的最大的负面影响。当然，我觉得凡事还是节制一下，天天洗内裤也很辛苦，是不是？

6. 女生老想着柏拉图式的爱情，可女生你也不是柏拉图，我们男生更不是。对于男生，和女生交往的最终结果当然会考虑上床，在这一点上大家谁都不比谁纯洁多少。

7. 有的男生清纯生涩，的确很纯，那是因为他还小，还没有经历诱惑，所以他想想性都觉得不好意思，在生活中根本不敢行动，等他开窍了，他会变成怎样的人，很难讲，各种可能都有。

8. 有的男生见了女生就想着如何得手。这样的男生其实很自私。那些女生之所以容易被这样的男生欺负，很大程度上是她们第一不了解男人，第二不知道如何拒绝坏男人的要求，不会保护自己。我们的教育总是教你面对好人，但是更重要的教育是如何面对不好的人，可惜没有。如果你的朋友中有这样的男生，我的建议是远离这样的人，因为他很容易把你同化成这样的人。

9. 很多男生想搞定一个姑娘，我完全理解你们的冲动，并不会因此鄙视你们。但我也得提醒你们一下，在中国，很多姑娘还是习惯性把性当成筹码来控制一段感情，一旦你和她上了床，特别是她的第一次，她会在很长一段时间内要求你要对她负责。所以我觉得男生和女生真的准备性爱之前，好好了解下双方对性的看法和认识，请不要勉强那些很难承担性的后果的女生上床。

10. 最后，不管你是哪种情况，请永远记得正确使用安全套！

■ 实操训练 ■

了解正确避孕知识

请百度百科关键词"避孕"，了解正确的避孕知识，还有安全套的正确用法！

我该如何和同学相处？

很多同学是独生子，家里成长环境是事事顺意，到了大学，住进集体宿舍才有和别人长期近距离相处的机会。

这样的孩子进入集体生活，还是不能一下子学会为别人思考，往往不注意自己的行为，侵犯了别人的利益还不自知。

在寝室中过集体生活，使得不同性格的人之间的矛盾容易在狭小空间里被放大。矛盾被激化后，敏感的大学生们会因为很小的事情和同学发生口角甚至冲突。曾闹得沸沸扬扬的复旦大学博士生投毒杀死同学事件，就是这样的极端案例。

有的同学的确不关心别人的感受，半夜打电话，玩手机不消除按键音，生活垃圾乱扔，袜子长期不洗，乱翻别人的东西，以为关系好就不打招呼拿别人的物品，等等。这会让一些室友难以忍受，直说怕伤面子，好不容易沟通了，没几天就毛病复发，让同学苦不堪言。

坦率地说，我对这样的孩子也没有好办法，他们从小就是单方面享受父母或家人的照顾，根本没有被要求考虑别人。很多孩子从小到大就听到一句话，你只要把学习搞好就行，其他的事情就不要操心！

如何对付寝室缺公德又屡劝不改的同学，有两个建议：第一，了解寝室其他人意见，联合劝告，注意沟通方式；第二，告诉老师或班委，搞个主题班会讨论，不点名教育，然后大家一起总结一个寝室公德纪律。

其实，生活和习惯的不兼容还好解决，换个寝室，也许就解决了。但有的同学觉得周边同学每天就是吃喝玩乐，天天谈八卦，一点精神追求都没有，和这样的同学在一起，自己也变得颓废，不思上进，和他们的共同语言也越来越少。

爱八卦不意味着你的同学们将来就没前途，也许有些人和你兴趣不同，也许你根本不了解他。每个人看别人，都只是看到一个侧面，即便是自己看自己，也是如此。可以尝试去真正了解他们，看看自己是不是可能过于清高？

年轻时，我也总以为比别人清醒和有深度，但是自己忽视了一个问题，假如你认为别人在某方面不如你时，这往往是一个危险的趋势：你口头希望平等，内心却极度渴望自己与众不同，高人一筹。

觉得自己的颓废堕落是被同学们感染的，是不是一种想通过贬低同学的方式来为自己找借口？我说句重话，真不想颓废的同学早就把时间用于各种能力提升上。在大学，想学习有的是途径，想上进也有的是途径，哪里有时间天天责怪是同学们带坏了自己的学习心情。

假如你真的分在一个同学都不努力的寝室，这对你的学习有影响，但不要因此就放弃努力，更不要因此看不起你的同学。有时间不妨和同学们一起去玩去疯去"堕落"，通过与不同的人交往和沟通，你会更理解孔子的这句话：君子和而不同。

君子在人际交往中能够与他人保持一种和谐友善的关系，但在对具体问题的看法上却不必苟同于对方。所谓"同而不和"，则是指小人习惯在对问题的看法上迎合别人的心理、附和别人的言论，但在内心深处却不以为然的态度。

人际关系处理好，也是将来做好事的必备技能。这其中的差别无非是，**有些人和别人相处，缺乏"真诚"，他对别人好，是想利用别人实现自己的目的；他对别人不好，是出于各种势利的考虑。**

一个人完全不势利，很难，但是一个人对人对事总是势利，抱着实用主义的态度，就不太好。以实用态度对待别人的人，别人对待他，也不过是实用二字。

要努力真诚对人，特别是你的同学。但也要知道有些人难得真诚，有些人时而真诚时而势利，有些人选择对一些人真诚对一些人敷衍，有些人一直保持赤子之心。

既然社会上有形形色色的人，就不能只用一种方式和所有的人打交道，也不可能只有一种方式和一个人打交道，因为他会摇摆。

学会和不同类型的人相处，找到适合自己的待人之道，是不能靠回避你不喜欢的人解决的，要靠不断和各种人接触习得。

学会和人打交道是一个曲折的过程，中间你会被误解，被看轻，被欺骗，被伤害。

有的同学问我，我总真心对别人，为什么他们对我都没有同等的回报？这种情况非常普遍，人总是看重自己的付出，忽略别人的付出。也许你抱怨的，你的同学也同样在抱怨呢。直到现在我都是一个特别愿意相信和帮助别人的人，我并非没有为自己的信任付出代价。但是我的经历告诉自己，以我的个性，选择信任他人，尽自己能力去帮助别人，一生的幸福感会提高。

有一个最简单的沟通策略，不要为短期沟通的误解而苦恼。

一个强盗，一个无赖，你愿意和谁打交道？答案是大多人更不愿意和无赖打交道，最重要的不是他坏，而是他每次都耍赖。

最后介绍一本与心理相关的图书，《象与骑象人》。了解和别人相处之道，其实也是了解自己内心的一扇门。

不妨你现在去微信"秋夜青语"回复关键词"朋友"或"三人行"就会各看到一篇答疑，告诉你大叔对同学间人际关系的看法。

■ 实操训练 ■

学会欣赏别人的优点

每个人都有自己独特之处，即便他自己不这么认为。如果一个人能擅长发现别人的优点，并向他们学习，不但可以和别人交朋友，还能吸收别人的长处变成自己的长处。反过来，别人身上的缺点也是你应该努力改进的地方，这样你就越来越完善。

表八：你身边的朋友的优点分析表	
Ta的优点	性格品质：
	生活习惯：
	专业技能：
	家庭背景：
你可以向Ta学习的是？	

和怎样的人交往，你就容易变成怎样的人

西方很多电影和故事喜欢探讨人性成长中非理性、偶然性、不确定性的一面。在他们看来，人性本来就包含着极大的善和极大的恶，你成长为怎样的人，是一个和环境不断互动的过程。在某种意义上，大部分人都相信自己天性中善良的一面，而对邪恶的一面选择性忽视，甚至是压制，这种被压制的恶却会用一种意想不到的方式冒出来，甚至改变你最初规划的人生。他们把这种叫不确定的、不知来由的恶。

这种说法有道理，假如你喝醉了在夜晚行走，一面是墙，一面是臭水沟，你可能倒在墙角，也可能掉进水沟，第二天早上人们最大可能性发现你在哪里？当然是臭水沟，因为墙会扶住你不让你跌倒，而臭水沟就是等着你失足。

喜欢和怎样的人交往，你就越有可能变成怎样的人。

要想成为一个爱独立思考的人，就得和爱思考的人交往，努力和这样的人成为朋友。

哪些人是爱思考的人？如何和这样的人建立有质量的交往？

爱读书的人是不是爱思考的人？爱旅游的人是不是爱思考的人？爱提问的人是不是爱思考的人？

爱思考的人往往爱读书，爱行走，爱交流，但是最重要的标准是：**他们对自己的选择负责。**

我和好朋友@萧秋水　聊天就跟和很多女孩子聊天不一样，她经常会说："我觉得，这个事情我们可以这样做。"而很多女孩子和我聊天喜欢问："秋叶老师，你觉得我应该怎样做？"

我会听取很多朋友的意见和建议，在一起会争论，会相互否决。

寻找爱思考的朋友不是希望找一个倾听者，或者找一个附和观点的人，前者最适合神父或爱人，后者最适合有求于你的人。

生活中你不一定能遇到很多爱思考的人，但在网上这样的人很多。每个人都有自己的圈子，你并不需要关注所有爱思考的人，我们可以努力识别某些圈子中你想关注的人。

互联网时代，很多人都开了博客和微博，把这样的人通过网络和微博上的线索加以综合，最终慢慢识别出来，这些线索是：

1. 出过有质量的书。

2. 如果看到你喜欢的书，记住作者，看看他是否开了微博，请耐心翻一翻他的关注，往往他关注的人里面有和他一样的人。

3. 他们喜欢总结自己生活和工作中的事分享到微博或博客。

4. 他们可以风格各异，但能经常写出有质量的文章引发你思考。

5. 他们喜欢读书，也经常推荐书给朋友。

6. 他们的生活丰富多彩，即便是很小的细节也能让人感受到快乐。

7. 他们说话温和理性，轻易不说过头话，如果错了，肯承认自己的错，但对于自己的思考，没有充分的反驳证据，他们也很坚持。

8. 他们发微博和博客都很坚持，其实一个人一旦养成独立思考的习惯，随时记录是一种自然的事情。

如何与这样的人互动呢？

首先，要避免一个认识误区：要学会独立思考不一定要认识这样的牛人，我只是说认识这样的人多了，你成为这样的人概率大一些。

第二，未必要和这样的人交朋友，他们也许很忙。你可以多关注他们，在微博上听到各种不同的思考和声音时，你有可能变得更加理性和温和，慢慢学会思考。

第三，多分析他们是如何思考问题的？他们每天都保持怎样的工作节奏？他们如何克服自身惰性的？他们都爱看什么书？他们都爱讨论什么话题？他们是如何平衡生活和工作的？他们爱转发粉丝怎样的微博？

只要学会观察，就是在学习他们。

■ 实操训练 ■

通过微博和一个行业名人互动

下面的方法不是要你马上去@名人，求关注、求互粉、求指导，正确的方法是：

1. 找到行业几个领先人物，搜索他们的关注，一般同类关注同类，人以群分。

2. 有目的性关注同类人群，加入你的微博特定分组。

3. 定期定时浏览（不要泡微博！），对有兴趣的话题做高质量的评论加转发，逐步引起名人兴趣。

4. 在他们的活跃互动粉丝里面找到有共鸣的人，他们也许早就和大牛互动和认识，如果你的表现值得信赖，也许他们会给你带来推荐的机会。

5. 做一件有质量的工作吸引微博名人的关注和转发。

6. 争取恰当时机获得各种和名人、牛人合作的机会，建立进一步的线下面对面交流。

大学生如何经营自己的人脉？

很多人会告诉年轻人：走向社会要成功，离不开人脉。一些成功学也打着人脉的幌子招摇撞骗。有的同学说：难道同学们之间的友谊不应该是纯洁的吗？攀关系认老乡拜兄弟这些庸俗的事情难道是我们应该做的吗？在大学认识大量的同学就是为了将来可以成为职场的帮手吗？

在各个社交场合，如果你表现得体，待人一贯真诚热情，当然能让同学们对你留下更深刻的印象，这种印象会增进别人和你进一步来往的意愿。但这种交往机会要维持下去，要么双方有共同兴趣，要么你能成为他的知己，要么大家能够一起做点好玩的事情，这样的关系才能变成人脉。

所以，在大学不要刻意去经营人脉，应该努力让自己变得更好。只要有了一技之长，你在别人眼中就自然拥有了结交的价值。

这说起来似乎很庸俗：要有被别人利用的价值，才会成为别人人脉的一部分。酒桌之交，在一起再多也不过是点头之交，毕业后再见面，也不会因为当年在一起喝过酒就应该帮你做点什么。如果没有任何一技之长，却跑去学人家玩人脉，不是遭冷眼就是被人骗。

很多人都主动索取我的联系方式，无非看重两点：第一，我能帮他策划出好的PPT，而PPT是在职场被广泛应用的沟通工具；第二，我的微博转发能量不错，他们希望有一天能借助我的能量制造传播。没有这些特长，谁记得我？

不过有很多我不认识的人也在微博@我，希望能借助我的影响力帮助转发。这样的朋友中很多都是大学生，甚至很多人留言：秋叶老师，我关注你很久了，求互粉！或者是，秋叶老师，我买了你的书，求互粉！这样的请求让我哭笑不得。

结识人脉不是这样玩啊，亲！我倒是有在微博上帮助一个大学生为父捐款。

但凡在微博上有一点影响力的人，经常会遇到有人@你，希望转发他的微博，其中很大一部分是希望你的转发能给他们带来捐款。

一开始，很多人都出于同情心热心转发，但这样的事情多了，也就渐渐变得冷漠。一个重要的原因是大家发现很多公益微博已经成为滥用同情心的骗局，真假难辨，普通人又没有时间和能力一一鉴别，只能选择视而不见。

2012年，一名北京化工大学的大学生许涛在微博@我，希望我帮助转发他的救父微博。我注意到这条微博已经被转发了5000多次，这是很罕见的转发量。再进去一翻，发现这条微博得到了很多媒体官微和名人的帮助，然后我私信问了他几个问题，了解下情况，然后帮助他做了转发。最后这条微博可能达到8000多次转发，这是一个非常惊人的转发量。

一条求助微博能否被我转发，我要考虑三点：

1. 能确定内容的真实性。

2. 能激发人的情感共鸣。

3. 有影响力的大号转发。

许涛是一名普通大学生，非认证用户，他的真实性很难直接去验证，但他非常聪明地通过几个办法有效解决了这个问题。

第一是他的微博名称直接点明自己的高校身份，他的微博叫@北京化工大学许涛　，他的个人简介写着：

感恩北京《法制晚报》：曾经怀揣科研梦，父患恶疾生变故，网上求助收效微，打工欲赚手术费，后面直接附上《法制日报》的新闻网址。

在个人简介直接留《法制日报》的新闻网址是高招，因为媒体是一个公信力很高的信息来源。

另一个细节是他微博留下了博客的地址，真的想帮忙的人，会进入博客去看，一看就会发现许涛非常地用心，定期把帮助过自己的人名单、金额公布，哪怕别人只捐赠一元钱。

既然那么多人选择捐助，那么这个人的真实性应该高，否则不会那么多人都上当吧？顺便还可以鼓励大家，既然那么多人都捐赠了，我也帮一点吧，这就是所谓的从众效应。

从另外一个角度，这个行为是非常好的一个反馈方式，捐助者未必需要什么回报，但是看到别人的帮忙，当然会觉得自己做的事情更有成就感。能够看到反馈的行为往往更容易得到放大或者抵制。假如我不知道我的钱流入哪里，给谁用，用多少，我是没有意愿捐款的。

除此，许涛的长微博提供了大量的细节，用图片证实自己的真实性，这些细节有学校班级，诊断报告，村委会证明书，父亲病床照片，个人身份证，手机号码，银行账户，等等。

如果怀疑许涛的人，是很容易通过其中任何一项信息去判断他是否属实，如果这么多信息都没有引起别人的打假，那么可信度就会很高。

再来看第二点：内容能否激发人的情感共鸣。

要激发一个人的情感，靠短短的140个字微博一般是很难的，许涛的做法是用长微博。应该说许涛的这篇文字，写的情真意切，又不乏理性，能激发很多人的同情心，是一篇好求助文！

有人会质疑，长微博谁会看？

是的，长微博很多人不会看，但是能给你捐款的人，恰恰是愿意看长微博的人，连看长微博都没有耐心的人，你以为他会有耐心去银行给你转账？

最后我们谈谈第三点：得到名人的帮助。

许涛的微博得到转发，和得到很多名人的帮助是分不开的。草根用户一般难以去鉴别信息的真实性，愿意相信自己信任的名人判断力，而名人出于爱心，一般也会比较慎重转发。

名人一旦出手，效果会好很多。去他的微博可以看到，他的主要方法是公开@名人，或者私信名人求助，有的名人帮助了他，也有很多没有帮忙转发。许涛在求助名人转发的过程中，靠的是对父亲的爱，靠的是勤奋，大量的@名人，采取撞大运的方法。其实最有效的方法，不是一个一个@名人，而是全力取得一个名人信任后，然后请他帮你发动几个有影响力的人帮忙，这才是正确的方法。

当代字画家郭子良先生就为他写了幅字，帮他发微博组织义卖。许涛同学没有学过人脉运营，只是靠自己对父亲的爱，无意走到这一步已经非常了不起。

对于大学里的朋友，你不需要讨好每一个人的欢心。只要让自己成为一个快乐、感恩和有担待有能力的人，身边的朋友就会越来越多。

我还想告诉大家，找到一个知心朋友很难的，走上社会后"朋友"两个词我慢慢很少提了，更喜欢用"哥们"或"兄弟"，这背后的无奈，你们将来也会经历的。

■ 实操训练 ■
通过网络找到和你有一样兴趣的人

假设你有一部喜爱的电影、一本喜欢的书、一首喜欢的歌，请把它作为关键词输入到新浪或者腾讯微博搜索框里。你会发现一些和你一样看过这部电影、读过这本书、听过这首歌的普通人。

看看他们的评论，选择有兴趣的人写一句有质量的评论引起他们的关注，然后和他们加为好友，慢慢开始互动。

推荐一个秋叶老师自己很喜欢的网站，豆瓣，这里有很多一样兴趣的人建立的各种小圈子，我在豆瓣上也叫秋叶。

本章
推荐

@刘健亮　的故事

　　@刘健亮　来自江苏淮安，是南通大学2009级数字媒体专业的学生，PPT和PS水平都非常高。他做的介绍联合国认可的慈善组织"狮子会"的PPT居然被国际狮子会中国分部在向总部汇报时采用，这个有趣的故事是怎样发生的呢？

　　2012年3月23日18点16分，免费午餐发起人@邓飞　发出一条微博：狮子会，一个传说中的神奇组织。我很想学习他们的先进经验，有无同学可以指导我呢？要是@秋叶语录　领一些高手做几十页PPT出来，善莫大焉。

　　19点59分，@秋叶语录　注意到邓飞的微博，也发了一条微博：既然@邓飞　点名，我也不客气，谁报名和我配合下？一起做这个PPT？

　　@刘健亮　同学出现在第一批报名者中，其实秋叶老师早就发现了@刘健亮　同学制作PPT的才能，立即决定选择他。晚上21点51分，秋叶老师通过QQ给小刘发去了第一版提纲。晚上他浏览国际狮子会官方网站以及中国部分狮子会分组织的网站。

　　24日8点27分，小刘经过一个通宵的努力完成初稿提纲设计。另外他还主动建议将PPT做成纵向，A4大小，像一本宣传册。

晚上17点49分，小刘连续作战了11个小时，完成了初稿。这个版本相当不错，但是内容还略微单薄，有的地方适合演讲，有的地方文字太多，秋叶老师期望得到的是一份适合阅读又能有点内涵的PPT，这就需要调整一些设计。小刘的工作给秋叶老师带来了足够多的灵感，大概到晚上19点10分，秋叶老师修改完了最终的版本。

27日，秋叶老师在微博分享了这个PPT作品，得到了邓飞以及很多网友的认可。北京狮子会主动找小刘修改这个PPT，在国际狮子会总会长来华考察时进行了展示。为表感谢，北京狮子会主席给小刘同学邮寄了十本新书，并表示将来有机会，将邀请他参与狮子会的公益活动。

2012年8月，小刘同学还帮@万方数据库　设计了一个宣传PPT。这个PPT也做得很完美，万方数据库特别赠送了他一个充值账户，鼓励他平时多读好论文完成自己的毕业设计。

因为小刘的出色表现，秋叶老师邀请他加入PPT高手群，认识了很多和他一样有才华的PPT高手，其中很多也是大学生，他多了很多新朋友。

借助自己学到的数字媒体专业的知识和技能，一名普通大三学生建立起和秋叶老师、联合国指定慈善机构狮子会、中国最有影响力的期刊网之一万方数据库的联系，这是不是很神奇？

Part 5
考 研 和 就 业

考研也好，就业也好，都不是人生的目标，考研和就业无非是走向目标的两条路。

在一个快速变动的时代，企图用一次好的选择锁定终身幸福的想法是天真又无知的。内心懦弱的人才期待一个绝对安全的选择，而勇者是努力让他的选择越来越靠谱。

考研还是就业？

考研还是就业？好多同学担心考研如果考不上，会不会耽误了找工作的好时机。

很多人想考研，其实不是想做学问，只是担心无法立即适应社会，通过读研给自己一个缓冲期，顺便给自己就业加一个学历砝码。

考研也好，就业也好，都不是人生的最终目标。最终的目标是让自己和家人活得更幸福一点，考研和就业无非是走向目标的两条路，哪条更好，难以判断。

人生是由选择构成的，每种选择都有成本，选择了A，就意味着放弃了B。你的困境在于没有经历过A，也没有经历过B，所以无从判断A还是B哪种更适合。更糟糕的是，无论是A还是B，都可能成功，也可能会失败，似乎没有一个安全的选择。

在一个快速变动的时代，企图用一次好的选择锁定终身幸福的念头，这个可以有，但是你绝不能真的相信。

我很奇怪，很多大学生花费大量时间分析考研就业利弊的细节，干吗不尝试利用这些时间让自己的选择靠谱点？

内心懦弱的人才期待一个绝对安全的选择，而勇者是努力让自己的选择越来越靠谱。

很多孩子都喜欢做这样的假设：如果准备考研复试，就没有办法准备招聘；如果准备招聘，就没有办法准备考研复试，两个选择让我好痛苦好纠结，啊！啊！

其实，这是一个虚假的"二难选择"，我就见过很多同学既拿到考研的录取通知书，又拿到几个好单位的录用通知书，再神勇一点的顺便还谈个恋爱旅个游。谁告诉你六个月考研复习期里，只能做两件事？又有谁告诉你，全部的时间和精力都只能用在一点上产出才会最高？别给自己制造逻辑陷阱，然后浪费大量时间在里面纠结，有这时间，足够你写一份好简历，然后海投给一百家单位了。

每天24小时，睡觉8小时，吃饭2小时，娱乐2小时，学习10小时，即使这样还可以有2小时用于准备就业。准备考研，然后也同时准备就业，这不是做不到的事情。事实是在大学一边考研一边面试的人大有人在，读书成绩好不是拼谁花的时间多，而是单位时间复习效率高不高。

如果是我，根本不会想那么多，而是全心考研，等考研结束后立即全心准备求职。

有些同学是想逃避现实，想寻找完美答案，在这种没有意义的思考中任由时间流逝，却安慰自己说一直在思考。

考研失败了，工作还可以再找。别害怕失败，别想象没考上后果有多糟。很多人之所以输，是自己被自己假想的后果吓倒的，年轻没有输不起的仗，只有不敢赢的命。

记住：人生不是由一个选择决定的。人总喜欢把现在的失败归结为当初的选择不正确，而忘了决定未来的最重要的选择，是现在要立即做决定的选择。

读了研究生，不代表一劳永逸，推荐一本书给想考研或者考上研的同学看看《有了博士学位还不够》。

■ **实操训练** ■

一张表帮你确定是否该考研？

表九：考研决策因素一览表		
考虑因素	**考虑指标**	**备注**
经济因素	家庭能再支持你三年吗？	经济困难请一票否决
报考条件	有没有拿到本科毕业证？	没有毕业证请一票否决，有的学校可能还要学位证和体检要求
就业压力	你的本科专业就业压力大吗？	就业单位不错可以先就业，到单位后一样可以考研，甚至还有补贴
专业兴趣	对报考专业了解吗？	
就业前景	了解专业就业的趋势？	注意评估专业就业方向和区域
课程基础	对报考专业有足够的积累？	
报考难度	选报的学校或专业难度大吗？	你能接受调剂吗？
专业成绩	你的专业课成绩好吗？	
个人性格	你喜欢在大学里读书吗？	
其他因素	你爱的人会等你读完研究生？你已经有好的工作offer？读完研究生你年龄多大？	

如何选择一个好的考研方向？

很多有名校情结，或者不喜欢自己本科专业的同学，考研时往往非常大胆。他们要么报考难度非常大的院校，要么选择跨度非常大的专业，做出这样的选择是有很大风险的。

有研究生文凭是否就一定能找到好工作？不一定。在很多工作岗位，研究生学历不能说明什么，反而实战的经历更有说服力。

进一步思考，名校的研究生是否更好？那是肯定的。名校招生规模大，这意味着你在学校可以认识更多的校友，将来走入社会也可能得到更多校友的关照；在中国，名校往往汇集最多的名师，也意味着你将来得到名师指导或帮助的概率大一些。

普通的学校在整体优势上肯定无法和名校竞争，但在某个专业上也许比名校更突出，在这个特殊领域，非名校也许比名校更有影响力。

不管是名校（名气大）还是非名校（特色专业好），只要是好专业，报考研究生竞争压力都很大。

选择合适的专业和导师比盲目进入名校更重要，毕竟研究生阶段你需要更多地和导师沟通。名校老师有名，但带的学生多了，社会活动多了，能否分配足够时间指点你就不好说了。

我当年考研是选择母校，主要原因当时专业成绩一般，考母校把握比较大。考母校的研究生有三个好处：一是复习方便；二是比较容易了解相关专业和导师的具体情况；三是可以让专业课学习更有针对性。

假如你不怕冒风险，内心可能更渴望挑战，选择了名校或者难考的专业，就不要多想考不考得上，全力以赴去复习，要想如何做才可以提升考上的概率，这样才是正解。

如果跨专业报考，理科转工科容易，理工科转文科容易，经济类转纯文科容易，反之则难。任何一个专业都有支柱理论，如果专业基础完全不具备，考上后被导师面试淘汰的概率也大。

有些同学考研也不全是自己的意愿，更多的是出于家长的要求。听从家长的选择对不对？这个可不好说。我自己当年考研就是被家人逼的，但是的确改变了我的命运。那时年轻，对未来看不清，家人的意见避免我犯了糊涂。如果在考研的想法上，你和家人有不同的意见，一定要与家里人好好沟通，达成一致。

现在读研究生要收费了，假如你没有得到奖学金资助，学费也是很大的压力。即便考研是你自己的意愿，也需要你的家人理解和支持。

■ 实操训练 ■

如何了解考研方向的竞争压力？

建议各位在了解报考专业后，结合下面的因素对考研方向风险做出客观的评估。

表十：考研方向风险评估表	
考虑因素	**评估方向**
学校知名度	名校竞争多
专业知名度	好专业竞争多
导师知名度	好导师报名也多
报考要求	有的专业报考有特别的要求
地理位置	发达地区或区域中心学校压力大
招生指标	指标还要看硕士方向，是工程硕士还是学术硕士
近年录取分数线	分数线高难度大
近年报考录取比	报考人数多的竞争压力大
近年外校学生录取比	大部分学校同等条件优先录取本校学生
专业课目录	和你的专业课是否匹配
专业课使用教材	和你的专业课教材是否匹配
专业课有无讲义辅导	是否要住校接受培训
面试淘汰比	研究生笔试通过还有面试，有的学校面试淘汰率很高
学费和奖学金政策	了解下就读研究生的成本

我为什么不想去工作?

如果可以选择，想留在大学不去上班的人不在少数。不过有的人选择考研逃避现实，有的人宅在家里啃老，有的人随波逐流找工作。

不想上班的人很多，不要说大学生，工作过的人想逃离工作的也很多。选择工作就是选择了责任，很多大学生不想去工作，很可能是担心自己不能胜任职场的压力和挑战。

我完全理解这种心态。突然把一个毫无准备的人推向一个完全陌生的环境，这听起来很恐怖，这足以把我们击垮。其实我们不是被工作压力击垮，而是被无谓的担心击垮。但失败了又怎样呢?

不是你一个人，几乎中国每个大学生都要过这一关!我大学快毕业的时候，根本不知道自己能做什么，能去从事什么工作，也是盲目在招聘会现场投简历，但我把精力用在解决现实的问题上——找工作，哪怕这份工作不如人意。

有的同学不想去工作不是因为没有单位接收，而是现在的单位不如人意，要是选不到好单位，不如考研去。

对于这样的同学，我的提醒是中国不缺就业机会，但缺少适合白领工作的第三产业，特别是高端第三产业的就业机会，加上房价高涨，物价通胀，在这种大环境下，想找到一份让你满意的工作非常非常难。

人达到目标有两种方式：一种是一步到位；一种是逐步到位。事实上大部分人只能选择逐步到位，在你还没有拥有让人羡慕的技能，对自己喜欢的行业或者从事的职业也没有清楚了解的情况下，居然能在职业发展上一步到位，只能说你运气太好了。

如果大家眼睛都盯着500强，那么自然很难找到让自己满意的职位。先就业，再择业也是一种策略。所谓现实是学会面对困境，而不是换一个让自己称心如意的环境再出发；所谓上进是学会在困境中成长，而不是到处寻找更好的出路。

有一个真实的故事，一位大学生，说面试官明确表示是他母亲的亲戚，提供一份年薪六万的工作。他告诉面试官不愿意靠关系进任何单位，只要是靠关系进的单位，绝对不去！这不是在作秀。结果被他妈打电话痛骂一晚，还被同学们骂愚蠢。这个故事在网上引起激烈地讨论，大多数人觉得应该听从父母安排，现实为好。反对的多是年轻人，觉得走自己的路更重要。

普通人找工作时想借助各种人脉创造就业机会不是什么大问题，但最重要的是：一是，你是否愿意做这份工作；二是，你是否能胜任这份工作。

在到处找关系求工作的大环境下，这种不愿意听从父母安排的情况就很稀少了。很多人在求职到处碰壁后，内心也会埋怨为什么我的父母就没有关系呢？

网上有个段子说：在这个拼爹的时代，为了下一代，不努力不行啊！

这句话背后有很大的问题，父母努力做事业难道就是为了让自己的孩子享福吗？我也非常反对另一句老话："吃得苦中苦，方为人上人。"这两句话背后都是一种一劳永逸的思想，只会导致人采取投机的态度对待工作。好像先拼命找到一个好工作，一切问题都能解决了。

努力工作是因为我们希望通过工作回报社会，体现自己对社会的价值。我们的成长离不开一个社会环境的支持，等有能力了，也应该通过自己的工作让这个社会环境变得更好。只要我们还有能力，就应该工作，不让自己成为社会的负担或者寄生虫。

让这个社会变得更好的一个标志就是：**每个人的努力都是为下一代创造一个更公平的环境，而不是让下一代羡慕别人有一个更能干的爹。**

■ 实操训练 ■

MBTI职业能力测试

"我性格内向/外向，适合什么工作？" "哪些职业正好匹配我的性格？" "以我的个性从事什么行业好？" "我性格中的优势和劣势是什么？" "我是不是该继续现在从事的职业？" 不论是正待走进职场的毕业生，还是工作了一段时间的人，面对这类问题都会感到困惑。性格因素和职业选择之间到底存在什么样的关联呢？大家百度"MBTI职业性格测试"找到相关测试网站，了解自己的职业能力倾向和就业方向推荐，MBTI测试是目前认可度比较高的一种测试（当然也有人认为这个测试不科学）。

任何职业能力测试都有局限性，不可能覆盖人的性格的方方面面。了解自己的性格能力，不代表你只能从事某些方面的工作，只是说你在某些方面的工作可能更能让你的能力得到发挥。其实你无论从事什么工作，只要勤奋，也一样能做得很好。

我想去上班，家里要我考公务员

就业、考研、考公务员，是摆在大部分毕业生面前的三种选择，只不过是难度不同而已。

我非常反感年轻人千军万马考公务员，国考日在我看来就是国耻日。

当一个国家的年轻人不是把梦想放在艺术、科技、实业上，而是一窝蜂扎堆想挤进公务员体制，企图追求一碗安稳饭的时候，这个社会病了，还病得很重。一个人的生活质量，居然不是取决于自己的努力，而是取决于在哪里上班，这多荒唐。

尽管如此，我还是能理解大家报考公务员的动机，特别是很多家长，非常支持和鼓励自己的孩子考公务员。他们觉得这样的工作有保障，哪怕收入暂时比企业低一些。这是当下时代的病。你让一个人或者一个家庭去选择特立独行是很难的。在没有更好的路可选的情况下，随大流往往是普通人最无奈的选择。

有些年轻人是主动选择参与国考竞争，有些年轻人是随波逐流，也有很多年轻人是被家长逼着考公务员的。特别是家里有一点关系可以利用的，家长们更是希望孩子在考试中争气，在政府里谋得一份安稳的职业。

其实大部分大学生虽然向往公务员的安稳，但内心对公务员工作还是有些抗拒。他们心里明白自己是普通家庭的孩子，加入公务员队伍不是去当官的，就是做做具体的工作，自己的性格也不善于吹捧和迎合别人，在这个体制内更可能一辈子就是一个前台的办事员，不犯错误，相对安逸但是没有前途。选择这样的工作就好像买了一场循环播放四十年的电影票，内心里他们不喜欢这样的生活。

大多数父母真正的愿望是希望孩子过得开心，只是他们的人生阅历告诉他们做公务员最安逸。

只是我们得自己替自己想想，人生很长，放弃专业做一份不会经常跳槽又安稳的工作，第一，你真的愿意这样度过一辈子吗？第二，你真的认为这个国家的将来，会总是维持这样庞大规模的公务员队伍吗？

没有考上公务员的同学过十年、二十年也许会庆幸自己当初没有考上，因为一旦财政出现压力，公务员被迫裁员，他们大部分再就业的难度，比拥有一份专长技能的朋友要大得多。

与其总想着给未来一份保障，不如趁年轻时多想想你的理想到底是什么？不过理想不是坐在大学里想就可以想出来的，假如没有足够多经历，人是很难明白自己到底想追求什么。

有个经典笑话说有个百万富翁在海滩边散步碰到一个流浪汉在弹琴晒太阳。

他问流浪汉："你为什么不去工作？"

　　流浪汉答："我为什么要去工作？"

　　"你可以挣钱啊？"

　　"挣钱做什么？"

　　"挣钱可以住大房子，可以享受美味佳肴，可以和家人享受天伦之乐。"

　　"然后呢？"

　　"当你老了，可以衣食无忧，像我一样，每天在海边散散步，晒晒太阳。"

　　"难道我现在不是在海边晒太阳吗？"

　　很多人看了这个笑话，就会以为自己是那个看透生活的流浪汉。

　　我要说的是，一个有故事的人和一个没有故事的人，欣赏到的风景是不同的。

　　有一种工作，一旦进去，就很难再看到"海"了。努力去了解自己的内心梦想吧，然后看看是否有最适合它的方向。

　　我欣赏那些给自己更勇敢选择的人，但我不能承诺你勇敢过后一定会有掌声。

　　我相信，越能远离体制生活的人越会得到内心的自由，虽然达到内心自由的路一定要经过更痛苦的挣扎。

■ 实操训练 ■

理解为什么大家都要去考公务员？

表十一：公务员职位利弊分析表	
考虑因素	**理由**
工作时间	有规律，即"朝九晚五"，除了特殊岗位外，基本上没有太多加班情况。
薪水水平	中等偏上的水平，考虑劳动强度，"性价比"高。
工作稳定性	不犯政治错误，岗位是"铁饭碗"。
社会地位	高，容易受尊重，单位也会帮助个人出头。
社会保障	免交，企业交纳比例高，可占收入的30%。
公费医疗	医保是要重大疾病或住院才可以报销，"小病"是没有报销的。公务员即使是小病（如伤风感冒）都可以报销。
个人进修	有双休，便于上在职研究生，很多单位补贴学费。
退休金	退休后保障充分，除了继续享受公费医疗，工资是和原来退休前的工资是一样的。在公务员整体涨工资的时候，退休公务员同样享受"加工资"的福利待遇。
住房补贴	在享受住房公积金的同时，还享受住房津贴（即货币分房）。等于在住房方面，享有双重保障。
晋升空间	慢。
发挥空间	按程序办事，僵化。
待遇空间	稳定，但快速增长很难。
说说假如你报考公务员，将来会失去什么？	

出国留学有意义吗?

现在有能力承担孩子出国费用的家庭多了,出国深造也成为很多孩子的选项。

我支持人在年轻的时候,假如家庭有承担能力,应该出国看看,特别是去一些先进发达国家求学。如果能去一些所谓的第三世界国家走走看看,开阔眼界更好。

我们得承认中国的教育质量整体是不高的,你将来要参与世界的竞争,起码得了解国外的大学生是如何学习的。去国外读书更多是去不同教育模式下培养不同思维方法和知识结构。

但我反对三种出国求学的思想:

1. 不考虑家庭承受能力强行出国。

这是把自己的幸福建立在父母的痛苦之上,这样不人道。父母总是无条件支持你学习,但是你应考虑家庭的责任。如果钱都拿出去出国读书,万一父母病了,怎么办?

2. 不考虑自己的专业前途而出国。

以为拿了一个洋文凭就能就业，这是把自己的未来建立在虚幻的承诺上。如果为了文凭，在国内读研究生也可以拿到，不见得就难找工作。如果为了开拓见识，你可以上班后慢慢攒钱实现梦想。

3. 希望通过出国实现曲线移民。

我不反对移民，这是你的自由。但是出国求学并不能保证让你成功移民。不要指望换一个环境就可以改变命运，抱有这种一劳永逸的懒惰想法的人付出越多，希望越大，也越可能失望。

移民并不能保证让你幸福。第一代移民往往不是让自己更幸福，而是为自己的下一代争取到一个能在相对公平和幸福国家成长的机会。

不过出国需要你尽早做好准备。设想一下，当你进入一个陌生的环境，接触陌生的人，即便每个人都对你很友好，但你也会感觉环境与自己格格不入：不熟悉的语言、不熟悉的空间、不了解的文化、不适应的气候、不合口的饮食、不认识的同学、不习惯的老师，每一件最简单的事情，你都要学会用不同的思维方式处理。这些都可能使一个在温室里长大的孩子产生严重的心理问题。

这样的悲剧新闻报道已经不少了。所以当你准备出国时，要提前做好哪些准备？

■ 实操训练 ■

如何确定海外留学大学是中国教育部承认的大学？

很多同学出国遭遇到了骗子，有些学校未必是骗子，但是中国和国外办学要求不同，他们的文凭未必能得到国内认可。如果你想了解相关消息，请百度"出国留学骗局"和"教育部教育涉外监管信息网"，特别是后者，可以查询教育部定期更新的最新认可的海外国家留学名单。

本章
推荐

@曹将PPTao　的故事

@曹将PPTao　是西南财经大学统计学专业的学生，2013年他考上了中山大学的营销学专业研究生。他考研是换了名校又跨了专业，还从西部成都来到了沿海城市广东，考研的专业跨度和地域跨度都很大。

他是大三寒假时候确定考研，原因有两个方面：

一是专业问题。统计学是一门方法论，如果不能与一个特定的学科结合，意义不大。

二是学校问题。跟很多人一样，曹将也有着名校情结。高考时候发挥不太好，一直有个遗憾，所以想借考研这个机会，圆一个名校梦。

在坚定考研的信念后，接下来他是这样考虑专业和学校的。

他先咨询过专业课老师，了解到统计学在三个方面应用广泛：金融、营销和生物。本科有修金融相关课程，兴趣不大；生物与之前所学相差太远，不作考虑；营销则比较符合自己的性格，所以选择这个方向。

学校的选择上他有两点考量：第一是学校的综合性，因为太专一的学校确实会影响视野的广度（本科就是一例）；第二是学校的就业率，毕竟，再继续深造的可能性不大，选择一个将来能在当地求职的院校会有很多优势。

经过一番考量之后，曹将选择了中山大学营销学作为报考目标。

刚定目标时还是有点拿不稳，他通过朋友联系到了一个正在就读营销学的学姐。从她那得知研究生的生活状态（每天很忙、但很充实）和报考难度，想来这样的研究生生活确实是自己想要的，便下定决心报考。

确定好学校和专业后，下一步就是找资料。他去找前一届的师兄师姐，他们那一定有最新最全的资料。如果没能联系到，就去"考研论坛"，上面有过来人的考研经验，然后将靠谱的经验帖打印下来，参考安排复习计划。

考研准备的生活是简单而枯燥的。曹将在自习室抢到一个座位，然后每天在里面待7-9个小时。中途也有过打退堂鼓，常问自己这样做究竟为了什么，但曹将只要将思绪转移到书本、习题册上，负能量就烟消云散，他发现消灭焦虑最好的方法就是开始行动！

考研时候，曹将并没有放弃一些课余活动。比如每周五晚上看美剧，继续更新博客内容。特别是PPT，它对曹将考研复习起到十分重要的作用。为什么这样说呢？

整理课本知识时，曹将把它当作一次PPT展示，画出逻辑框架，并将内容进行归类。于是制作PPT过程也帮他理清了知识点的整体脉络。答题时，遇到一道之前没见过的题，只要脉络清晰，就能找到对应的知识点。

Part 6
求职和创业

很多大学生求职的问题在于缺乏有说服力的经历。在我看来，刚刚毕业的大学生，只要能说清楚自己完整做好的一件事，就已经证明了自己的潜质。

大学里多攒经历，求职时就少费力气。

如何了解面试的单位？

经常有同学问，这家单位怎么样？我不是万能的，怎么会知道全天下所有的单位好不好呢？不过利用一些公开的信息，还是可以知道一家你不了解的单位到底是否可靠。

表十二：企业可靠性分析参考指标表	
了解项	**分析方法**
招聘渠道	能够进入校园招聘会的加分 能够在51job，智联招聘网站上发招聘信息的加分（这些网站有审查机制） 能够在当地主流报纸刊登招聘广告的加分
搜索引擎	能够在主流搜索引擎搜索到公司网站的加分 在百度搜索引擎投放品牌专区广告的加分（品牌专区指搜索页面出现对应公司介绍）
学术期刊	在期刊网搜索公司名能找到发表论文记录的公司加分
专利检索	在知识产权局专利网搜索公司名能找到专利的公司加分
公司规模	人员越多，公司越好，说明公司每个月现金流规模大。如果有全国性销售网点和队伍，说明公司运营走上规模化

办公地点	查公司联系地址，办公地点租金越贵，说明公司实力越强。如果不放心办公地点是否属实，查对应大楼物业电话咨询
成立年限	能活过七年的公司必有过人之处
注册资本	在工商局网站搜索公司名称，如果注册资本高加分，如果不存在，你懂的……
各种广告	常年坚持打各种广告的公司加分
服务热线	打一下公司的服务热线或者前台电话，如果回复很快或者很专业加分，公司联系方式留手机的减分

如果时间紧张，对行业没深刻认识，那该怎样了解一家公司呢？这里介绍三个简单的方法：

1. 查下公司网站，看看网站设计和新闻。网站设计大气，新闻更新快，用户名气大的公司要加分。

2. 用公司名去一些行业社区或搜索引擎查询。搜索出来信息很多的公司要加分，即使是有一些负面信息也要加分，因为越是大公司对手越多，用户越多，被攻击指责的概率越高。

3. 找在同一行业工作的师兄师姐还有亲戚，咨询他们关于这家公司的一些情况。

■ 实操训练 ■

调研一家你感兴趣但不了解的公司

选择一家公司，依据上面的建议，逐项进行调查，会有很多意外的收获。

如何写一份好简历？

我在博客分享过很多帮助大学生朋友修改简历的案例，引发了越来越多的大学生关注，每当看到《一页纸简历》系列带动很多人思考，我就非常欣慰。我在博客分享的《一页纸简历》系列博文，重在启发思路，而不是提供完美的范例，真正写简历还需要你自己好好用心。

简历是求职的敲门砖，不是成功的保证，但是一个连自己的简历都不重视的人是很容易被用人单位筛选掉的。

写简历的核心不是追求排版第一，而是找到自己的特长，让自己的能力尽量匹配岗位的要求，找到求职的自信，为面试准备好沟通素材。

我不赞同为了包装自己，弄出一份厚厚的简历，这样的简历现在绝大部分企业HR并不喜欢，花费成本不说，还增加别人的阅读负担。

我赞同针对不同的企业不同的岗位投不同内容的简历，不赞同写一份简历海投。现在有招聘网站支持群发，海投成本低。越是心仪的单位，大家越多分析自己，搜集企业情报，写出让企业HR喜欢的简历。

写出一份好简历要先进行职位分析，再进行材料取舍，然后是文案提炼，最后才是排版美化，不可本末倒置。

太多人做简历只希望快速找个模板对付过去。我并不反对模仿，但必须记住：模仿是为了创新，而不是重复前人的路。

很多大学生求职的问题在于缺乏有说服力的经历，但越是这样，越要想办法创新简历形式抓住HR的眼球。这并不矛盾，至少说明你是一个肯动脑筋努力的人。

像流利的英文，读、写、说这样的通用技能，完全可以通过自己写一份英文求职信展示；

像熟练的OFFICE技能和书面写作能力，完全可以通过简历排版让人眼前一亮；

像对一个行业的了解，可以通过一些专业术语或者图标的使用透露出来；

展示一个人能力的并非只依赖简历上的话，也包括简历自身传递给别人的信息。

很多人写简历有一个误区，他们以为要写很多事、很多经历、很多荣誉才能证明自己，而在我看来，**刚刚毕业的大学生只要能写清楚自己做好的一件事，就已证明了自己的潜质。**

对于非名校的同学，写简历时都会面临一个共同的纠结：不是名校毕业生，用人单位根本就不看我的简历，该怎么办？

我不能改变用人单位优先选择名校毕业生或者洋文凭的现实，

这在全世界都一样。人家今天所取得的领先优势，是来自他过去的积累。但过去不代表未来，现在也没有多少人会认为自己是名校毕业生，就一定能比别人过上轻松的好日子。

一个有能力的人不会总担心自己的文凭不够高，**担心自己文凭不够高的人，往往都是一些因为没有能力而变得没有底气的人。** 有一句话很俗：今日你以母校为荣，他日母校以你为荣。你应该努力成为母校的荣耀，而不是指望母校的光环罩着你。未来其实在手里，不是专业，或者文凭。

下面分享我对写好简历的四个建议：

1. 提前准备

不要等到大四才去准备简历，应该从大一开始积累。大部分同学写不出好简历不是因为没有模板，而是因为没有经历。

所谓准备也包括积累各种简历排版的知识，这是你一辈子受益的技能。用Word排版就好，因为符合用人单位的阅读习惯且方便打印。

如果你有才华，想用PPT、PS乃至更酷的软件制作创意简历，那也没有什么不好。不过请记住，需要创意的单位才会更喜欢有创意的简历，你得确定投简历的单位喜欢有创意的人，不是所有的单位都需要这样的人才。

如果有时间，多拍一些能反应你气质的照片，特别是登记照。拍照也是一门技术，多照才能照出具有精神的照片，这可是简历上的第一印象。

2. 认真调研

在投放简历前，请多去一些招聘网站看看相关公司的相关岗位招聘要求，认真了解用人单位的需求，根据别人的需要组织你的经历材料，不要展示太多不相干的内容。

用人单位对大学生简历的要求一般是：照片要精神，年龄要合适，专业要对口，排版要简明。简历开头就应该让别人能看到你的基本信息，照片和求职方向。

3. 设计内容

请合理利用简历上的小标题，写上能突出自己个性的文案。正文每一句都不要出现废话，多写能展示你的能力的事实，而不是堆积形容词或副词。

努力告诉HR你与别人不一样的地方，优势在哪里？这些可以是技能、工作地点、户口、家庭人脉等一切可以为你加分的内容，但是得确定用人单位需要才写，要把版面留给他们关心的内容。

不妨用数字、各种图表的方式表达自己的技能。

我提倡一份简历对应一类岗位，不是一份简历投向所有的岗位。在简历里，讲透一件经历胜过堆积一页荣誉。如果你得奖很多，要有重点突出闪光点，分类陈列。

4. 认真排版

一份好简历不是密密麻麻堆积文字的简历，HR没有那么多时间细细阅读，要学会给你的简历留白。

请认真研究表格的排版，充分利用行列对齐和线条颜色引导别人阅读。

在生活中留心学习报纸和杂志的表格排版，借鉴上面的灵感，但别太花哨，简历不是炫技的舞台。

别指望简历一次成型，好简历是反复改出来的，优秀的人从来不会停止折磨自己。

如果你想研究别人的简历模板，我建议你们去访问"乔布简历"网站，我希望你是借鉴后创新，而不是直接抄袭。

去秋叶老师新浪博客，网址：http://blog.sina.com.cn/hopefulsvse。里面的"一页纸简历"栏目分享了几百篇一页纸简历的样例和博客。

▰ 实操训练 ▰
每个学期为自己准备一份简历

从大一开始，你可以为自己准备一份简历，总结自己这一年的经历，看看自己有哪些提高。

建议写简历多尝试几种不同的排版，积累简历排版的经验。

名企实习生经历值钱吗？

进入500强企业的实习经历能够为毕业求职加分，如果而且运气好，还能获得这些企业的offer。

能进入这样的单位实习不是一件容易的事情，能够进入的同学是非常幸运的。但是很多大单位有一个缺点：他们不太可能给你安排特别重要的工作。你很有可能只是花费几个月时间协助他们做一些简单重复的工作。

有学生问我，在名企做实习生，要耽误一个学期的时间，却只做这样重复性的工作，值得吗？

是否值得，应该结合你的个性，你的专业，你的发展等多种因素综合考虑。人的环境和背景不同，我给的建议可能就不同。

我个人倾向于在确保不影响考试成绩的前提下，优先去企业实习。实习经历一般能很快让大家发现自己的不足，回到学校会更加珍惜校园时间。

但是我也建议大家不要在大三占用太多学习时间去实习，因为大三是高校专业课最多的一年，每周去实习2-3天，我就很担心你能否保证学业过关。如果因为挂科过多导致最后无法拿到毕业证，进入你心仪的公司难度就太大了。

其实，不一定去大单位实习才能学到东西，关键是看你在实习阶段观察和总结到了什么。

对于想去实习的同学，我提几个建议，可让你们在实习岗位上学到更多。

1. 把竞聘实习岗位当求职演习

进入一家单位实习的过程和你正式求职并没有太大区别，所以好好珍惜每一个环节的考验，把心得体会记录下来，到了正式求职的时候，就不会全然没有底气。

即便是在某个环节出现失误导致应聘失败，也是成长的经历，值得好好总结，避免在正式求职时再犯。

2. 观察企业对人的要求

我们在学校是很难真实地感受到用人单位对员工有什么要求的。企业在用人方面是看重经验优于学历，看重品质优于能力，在实习岗位上你们可以亲身体验下。

你的经验，你的品质在哪些方面能达到企业要求？哪些方面还不能达到企业要求？如何培养抗压能力？如何在压力下快速进化？如何控制自己的情绪不被工作中的事情影响？这些都是很重要的经验。

另外，到了单位，多留心企业的招聘流程。看看他们的招聘广告发布渠道，正式招聘流程是怎样的。每年大概什么时候公司大量地招人，这些很可能是你投放简历的最佳时机。

3. 让实习单位成为你就业跳板

所谓就业跳板，不是你要一门心思留在实习单位工作。可以在实习过程中了解实习的单位有哪些同类企业？哪些岗位用人需求量大？哪些职务适合大学生？

特别建议你抓紧一切机会认识所有可以认识的人，比方说带你们的师傅。将来在你求职的时候他们可能给你更加专业和具体的建议，甚至成为你的内部推荐人。

另一方面，我建议你们和一起培训的同伴建立友情，交换联络方式，你们很可能不在一个学校，但将来可以互通信息。

◤ **实操训练** ◢

和一个人建立联系的方式

获得一个人的联系方式并不难，难的是有心。用不同的方式进行组合式沟通，才能有效果。

表十三：和一个人建立联系的方式一览表	
联系方式	**使用建议**
办公电话	如果是办公时间，可以优先考虑，但因为工作时间变动常常更换。
私人电话	节假日短信问候致谢。
办公邮件	工作时优先使用办公邮件，很多公司办公邮件命名有规律，所以你可以猜到很多人的邮件。
私人邮件	如果有一些担心电话说不清楚的问题，不妨写一封条理清晰的私人邮件。
QQ号码	不要认为你加了别人的QQ好友别人就该加你，加好友前要问问对方意愿。
微信号码	这是一个非常好的沟通方式，多去朋友圈踩踩他的发言，建立互动，才能成为他的朋友。
微博号码	这又是一个非常好的沟通方式，转发，发表有质量的评论，关注他关注的好友，会找到人脉圈。
个人网页	假如他有的话，不妨经常去踩踩博客、QQ空间。

考证对求职有用吗?

就业压力大的时候,人总是想着把一切有助于求职的砝码都抓住,比如考一堆证书。各行各业都有各种技能等级认证证书,最通用的是英语四六级,还有计算机等级考试,等等。

有的同学问考证有用吗?

你要搞清楚考证的目的,是真有兴趣还是为找工作增加砝码?

你对某个专业有兴趣,想通过考级去证明能力,这是一种选择。还可以去考一些知名行业认证,也许难,报考费贵,但含金量也更高。

如果是为了找工作,考证会有一些作用,至少能证明你还是学到一点东西的。在同等求职条件下,有证书的同学当然比没证书的普通同学有优势。

但我个人觉得与其用很多证书来证明自己的能力,还不如结合自己的专业知识,扎实学一些能够在实际中解决某个问题的工具。可以熟练掌握一些专业计算机软件,比如机械建筑服装行业可以考虑学好专业CAD软件，电子行业掌握一门专业电子设计软件，工程行业的掌握一门报价软件，诸如此类，然后做出好的作品给用人单位看，会更管用。

像计算机这种要求实战能力的行业，基本看不上等级考试证书，等级考试的内容不能证明太多东西。对真正喜欢编程或计算机的人，根本不需要证书来证明自己，他们会用实战作品来证明自己！

证书的种类很多，费用也不同，有些证书适合在大学考，比如驾照、普通话证书，学校对学生收费低，最重要的是你有时间去考。

最后提醒各位，证书太多，考不完的，大家不妨认真研究下每种证书的难度、成本，选择适合自己的方向去努力。

如果你想知道你的专业有哪些证书可以考，请去微信回复关键词"证书"。

■ 实操训练 ■

了解大学生可以考哪些证书对求职有帮助

认证考试对你有没有价值是一个因人而异的话题，没有标准的答案。我的建议是大家可以先百度，收集一些网上对相关证书的正反两面意见，看看别人的分析和考虑，再确定自己的选择。

表十四：高校常见的考证证书类型	
证书类型	了解建议
驾照	了解学校驾校的收费和通过难度
普通话	了解学校附近哪里有考点
英语能力	英语四六级、雅思、托福、GRE等等认证
小语种能力	了解对应的各种考试认证
计算机能力	这个领域除了有等级考试，还有很多企业产品认证，有的产品认证业内含金量很高，但通过门槛也很高
软件能力	不同的通用软件都有推出自己的等级认证，比如OFFICE，各种制图软件，有些单位更看重实际动手作品而非证书
专业证书	了解你所在的专业一般会考哪些专业认证，比如会计证、导游证、教师资格证、心理咨询师、高级文秘证、裁判证、律师证……

请学点职场礼仪

大学生在中国属于高学历人群，按理说也应该知书达理，但实际上很多大学生和别人沟通接触，都缺乏必需的礼仪。在中国大学普及生活礼仪、商业礼仪还有社交礼仪是非常必要的。假如你已经临近就业，需要赶紧买些书或者搜些文章看。这里推荐百度视频搜索"金正昆商务礼仪"，这套视频很不错。

不懂礼仪的大学生经常给我制造的麻烦问题，在这里分享两个场景。

第一个场景：QQ对话。

某大学生：早上好，您能帮我填一份问卷吗？是我毕业论文的一部分，可能要花五分钟时间（后附网址）。呵呵，帮我填一下吧，多谢了，我现在认识的工作的人不多。

点评：请人帮忙，要先说清楚你是谁，谁介绍你找我的？要我做什么事情？为什么要我做？希望大家如何帮你？还有说明下发过来的地址绝对不是病毒。

第二个场景：短信预约。

有个学生做了个策划想请我看一看，本来约好周四上午九点见面，结果没见到他。中午他给我电话，说上午班主任临时找，因此就没找我，要和我再约个时间。

于是约好第二天上午九点，这天上班路上堵车，我为了不失约，打的过去，结果从八点四十四分等到十点，还是没人来。于是短信去问，没回；电话去问，没接。

第二天上午接到短信，跟我道歉说：秋叶老师，昨天忘了上午有课，手机没带，您看什么时候再面谈？

说实话我有点生气。

第一，被爽约两次，每次爽约，都没有及时发短信告知情况有变，浪费我的时间。约人时间有变化，必须第一时间通知对方和道歉，取得谅解。

第二，每次约时间，都是上午，下午。上午是什么概念？下午是什么概念？约人要精确到分钟，而且要执行到分钟。

学好礼仪的关键是学会站在别人的角度看问题，体谅别人。

🏴 实操训练 🏴
了解下名片和电梯商务礼仪知识

百度关键词"名片礼仪""电梯礼仪"，了解下相关知识，然后在生活中观察一下，是不是很多人都在犯错误？

签约以后又想反悔了

现在找工作很难，所以有一个工作机会摆在面前，大学生会担心错过这个店就没了下一家而匆忙签约。等签约后再冷静思考，发现没有综合考虑爱情、薪酬、地域、发展空间等多个因素，加上自己对企业和岗位也缺乏更深入的了解，往往是签约前不了解，签约后各种关于这个单位的小道消息突然一下子都冒出来了，这个时候很多同学会后悔自己的选择，想毁约了。

还有的应届毕业生更现实，知道就业难，先找了一个单位把就业协议签了，但这份工作他并不是很满意，想先签了这份做备胎，以后有更好的就悔掉这份就业协议，这样的同学难道就不会担心违约有什么麻烦？

当然还有一种，学校为了完成就业率，不找到工作不发毕业证，学生只好到就业协议代理公司盖章帮学校完成任务，这种签约协议当然就是个形式。

对于应届毕业生，在求职前系统做一份可考虑的企业或岗位名单，只要符合要求的，签约后就不要后悔。要知道，进一个单位后的发展也是一场马拉松，不要有毕其功于一役的想法。而且现在在城市工作，跳槽更是家常便饭。

对于想毁约的同学，我还要提醒你们注意签约风险。很多企业为了防止出现违约现象，尤其是我们应届大学生在找工作时的这种"骑驴找马"的做法，都会规定交纳相应的违约金，一般是在2000-3000元。

如果毕业生想和用人单位签订就业协议书，同时也不放弃读研究生或考公务员的准备，建议在与单位签订的就业协议书备注栏中，加上"如本人考上研究生（公务员），凭录取通知书，该协议效力终止"字样，能更好地规避风险。毕业生还可以把协议期内工资的多少、违约时是否交纳违约金等易产生纠纷的条款附加上去。同时毕业生需明确，与用人单位签订劳动合同后，就业协议书的使命才算完成。

从2005年开始，国家有关部门规定，与用人单位签订就业协议书后，如毕业生出现违约情况，违约金被限定不超过毕业生一个月的工资。这对于在求职中处于弱势的毕业生来讲是个好消息，用人单位对违约金再也不能"漫天要价"。这个规定维护了毕业生的利益，但我希望毕业生能理性选择，选择后讲诚信，不要频繁流动。就业之初频繁的流动，对自身的职业生涯发展是极为不利的。

毕业生违约的过程是比较麻烦的。因为学校只给每个学生发放一份就业协议，所以你找到更好的工作后，必须要和之前的单位解约并拿到之前单位的一份退函，凭着退函再去学校领取新的就业协议书，然后才能和新单位签约。这个过程中如果单位不同意违约，你会因为应届毕业生的身份而拿不到新的就业协议无法和新单位签约。

很多学校由于怕影响学校的信誉，极其反对学生违约，会给学生带来很多流程上的阻碍。

当然，找工作并不一定需要就业协议，很多同学几乎没有用这个协议的，依然可以找工作。如果与用人单位签订了就业协议书，后又觉得不适合这份工作，必须与原单位解除就业协议，并持证明回到学校办理相关手续。找到新单位，到其所在地的人才交流中心办理改派手续，把自己的档案、户口等人事关系改派到新的用人单位。还需要尽早找学校办理手续，如果学校已根据就业协议书将档案、户口等关系转到了你的第一家签约单位，而签约单位流程拖拉或者要求你支付违约金。这个时候你就骑虎难下，不得不花费更多时间和精力解决问题。

■ 实操训练 ■
一张表帮你选择求职单位

把你考虑的单位、职位提前做一张表，发现新的单位随时补充，这样发现符合要求的岗位，就容易马上确定是否签约。

表十五：求职岗位分析表					
意向求职单位	可接受工作地点	可接受岗位	可接受待遇	违约风险	其他因素

大学生创业值得鼓励吗？

我个人是反对在媒体上宣传鼓励大学生创业的，你不能指望一群本应该就业的人去为别人创造就业机会。如果创业是大学生本人深思熟虑的意愿，又积累了一定的社会知识，我自然不会反对。但是创业水深，不妨先去公司工作，扎实地积累经验和人脉再创业。毕竟人生的跑道往往不是比谁的起点在先，而是谁能坚持到最后。

即便是在崇尚创新的美国，创业也不是一件容易的事情。在我们国家，创业者必须面对一个缺乏知识产权保护的环境。面对复杂的政商关系，没有十几年社会阅历，根本应付不来创业后的种种风险。

大学生创业的一个误区就是：一谈创业就直接从成立公司开始。很多人创业第一桶金并不是通过开公司赚到的。我认识的大部分朋友恰恰是在公司打工积累了一点经验、人脉和资本，然后和几个志同道合能力互补的朋友合作创业，很少是一毕业就去考虑创业的。

在某个领域想做出一番成绩或开创某种事业的人都是创业者。有一个说法很好，把这种人不叫创业者，叫起步者。

所以，创业者未必就是成立了公司的人，街头小摊贩、个体工商户、公司发起人、公司合伙人、职场默默积累奋斗者、慈善公益活动发起人，他们可以叫创业者，或者叫起步者。

大学生想知道自己有无创业能力，可以组织一些志同道合的同学参加一些创业竞赛项目，这些大赛不但影响力大，水平也很高。

当然，很多同学参加比赛的目的也是为求职增加砝码，谁还会真的傻到去创业？即便如此，我也鼓励你们去参加大赛，和全国的大学生朋友竞争，获得名次，收获友谊。既为学校争光，也体现了自己的能力，即使没有获得名次，这样的大赛经历也会让你学到很多东西。

比方说，大学生参加创业大赛要写创业计划，这可以参考很多行业工作都需要用的商业计划书，写商业计划书可以帮助自己回答三个问题：

1. 到底有没有市场？如果是大学生，还得回答为什么你了解这个市场？

2. 自己有没有优势？如果是大学生，还得回答为什么项目适合没经验的你？

3. 赚钱有没有模式？如果是大学生，还得回答为什么没有融资支持，你能撑下去？

这是商业计划书的核心。不管是大公司的商业计划，还是小团队的创业商业计划，能完整清晰有说服力地回答这三个问题，就是好商业计划。很多大学生创业计划是模仿企业做的商业计划，这些计划本来是有经验的团队或者有实力的公司做的，写商业创业计划要从模仿开始，但是简单模仿也可能导致另外一个问题，生搬硬套。

很多大学生创业计划一开始就定位错误，他们写的不是创业计划，而是融资计划。融资计划当然是商业计划的一种，但是创业计划并非一定要融资。在中国，凡是需要大量融资的项目，恐怕大学生初创团队都不太可能得到这种机会的，至少是创业有点眉目了，才有机会。一个好的项目应该自己有能够找到支撑公司前期发展的现金流。记住：你越成功，钱越找你。

关于创业计划有很多神话，比如一页纸创业计划赢得风投，比如五页PPT赢得投资，比如马云洗手间五分钟搞定孙正义。

我想先指出一点，大概没有人仅通过一份计划书来评估你的商业潜力。一个被认可的创业计划背后，投资人更多的是通过你现在的谈吐、过去的经历、别人的评价、团队的能力进行投票，而不仅仅是对这份商业计划潜力的投票。

想创业的同学，可以看看孙陶然写的《创业的36条军规》，了解一个中国创业人的实际感悟。

■ **实操训练** ■

写一份商业计划书

1. 在网上百度关键词"商业计划书模板"找一些商业计划书看看。

2. 构思一个商业方向，写一份商业计划书。

3. 去秋叶老师微信回复"大学生创业"，可以看到我对大学生写商业计划书的一篇反思文章。

4. 去秋叶老师微信回复"大赛"，可以看到我们收集的不同专业大学生可以参加的各种全国性大赛综述介绍的索引文章，你们老师都不一定知道得这么全！

牛人的成功能复制吗？

　　每个学校都会有牛人出现，很多大学生朋友也梦想自己能成为牛人。牛人的成功能够复制吗？

　　在回复同学们的问题之前，我想请你们看一段人物经历的描写：

　　6岁时，一位非洲的主教跟他一块儿玩了一下午的滚球，他觉得从来没有一位大人对他这么好过，认为黑人是最优秀的人种。

　　8岁那年，他有了一个嗜好，喜欢问父亲的朋友有多少财产，大部分人都被他吓了一跳，只好昏头昏脑地告诉他。

　　上小学时，他常常花一整天时间偷看大姐的情书，从来没有被发觉。

　　他天生哮喘，夜里总是辗转难眠，白天又异常疲惫，这个病一直折磨着他。他对很多东西都有恐惧症，比如大海。

　　他恳求父亲带他去钓鱼，父亲说："你没有耐心，带你去会把我弄疯的。"也由于没有耐性，他成了牛津大学的肄业生。

老师问他拿破仑是哪国人，他觉得有诈，自作聪明的改写成荷兰人，结果遭到了不准吃晚饭的惩罚。

他总觉得自己的智商只比天才低一点，结果一测试，只有96，只是普通人的正常智商。

下面我们再来看一位伟人的传奇：

他一生朋友无数，他曾列了一个有50个名字的挚友清单，包括美国国防部部长、纽约的著名律师、报刊总编以及女房东、农场的邻居、贫民区的医生等等。

二战期间，他31岁，为了帮助自己的祖国，服务于英国情报局，当了几年的间谍。

38岁时，他记起祖父从一个失败的农夫成为一名成功的商人，于是决定效仿。没有文凭的他，以6000美元起家，创办了全球最大的广告公司，年营业额达数十亿美元。

他曾自嘲："只要比竞争对手活得长，你就赢了。"他活了88岁。

他一生都在冒险，大学没读完，就跑到巴黎当厨师，继而卖厨具，到美国好莱坞做调查员，随后又做了间谍、农民和广告人。晚年隐居于法国古堡。

他敢于想象，设计了无数优秀的广告词，至今仍在使用。

他说："永远不要把财富和头脑混为一谈，一个人赚很多钱和他的头脑没有多大关系。"

其实这个少年和伟人是一个人，名字叫作大卫·奥格威，全球最知名的奥美广告公司创始人。

你能从这个孩子成长经历发现成功规律吗？也许你可以牵强地

把爱偷看情书从不被发觉解释为有当间谍的天赋，把他对财富的好奇解释为他日后创业的动机，但我觉得用一句话可以总结：成功是被总结出来的。

假如只看这位少年的童年经历，根本看不出他有成为伟大人物的潜质。我赞成总结成功规律，但是世界多元化，人性多样，成功需要天赋、努力、运气，有些因素是可以复制，有些是不可复制的。

大凡打着"我的成功可以复制"招牌的人，不过是一种商业营销的宣传。假如你深信所谓的成功法则，踩着成功人士的脚印前进，结果只怕是没有靠近理想，反而越走越远。很多深陷传销陷阱的大学生朋友不就是轻信有可以复制的成功吗？

假如成功可以复制，大家也就不用羡慕成功了，努力去复制就好了。但问题是，成功不太容易被复制，失败倒是挺容易的。

我想你得意识到：不管别人过去的经历多么成功，可能都很难复制。与其看别人做了什么，不如去分析别人具体做了什么。

有一句忠告可以记住：你很难复制别人成功时的环境、能力还有运气，但是你一定很容易绕过他走向成功道路上犯的错误。要想复制别人的成功，答案就是别犯他犯过的错。

从你观察到的每个人的成功经历中学会透过现象分析真正的问题，而不是寻求标准答案，这就是走向成功的路。

有一本名人传记对我启发很大，是棋王卡斯帕罗夫写的自传《棋与人生》，如果有兴趣，可以看看。我还写了长书评，在微信回复《棋与人生》，可以看到我的书评。

■ **实操训练** ■

读一本名人传记

借阅或者购买一本名人传记，阅读后回答如下问题：

1. 假如不是处在当时那个时代，他能获得成功吗？

2. 在那个时代有没有和他做一样事业的人，为什么那些人失败了？写下他们失败的理由。

3. 在他们成功的过程中，哪些是努力奋斗带来的，哪些是运气带来的？

4. 大部分获得被认可成就的人，在获得认可之前都努力了多久？

本章
推荐

　　@请叫我许胖纸　是上海师范大学2009级生命与环境科学学院环境工程系的学生，他的真名是许云骅。

　　在校期间，辅导员不止一次谈到就业形势的严峻，周围学长学姐大叹找工作的不易。这些都促使他认真思考未来职业规划和职业技能的问题。究竟企业喜欢怎样的人才？大学生应该在本科阶段做好怎样的准备？

　　许云骅发现要胜任一份工作，其实只要满足"基本素质+通用技能+专业技能"就可以了。首先"基本素质"要过关。"基本素质"包括逻辑感、应变力、学习能力、执行能力、沟通能力等。通俗地说就是你的思路是不是清晰、说话写文章是不是有条理、会不会察言观色等等。

　　其次是"通用技能"，其实就是英语+计算机。如果准备在"北上广"或者一线城市扎根落户，没有精熟的第二外语，未来几乎没有升值的空间，而能熟练掌握MS、OFFICE可以提高工作效率，为进阶"白骨精"打好基础。

　　最后是"专业技能"，这是在专业学习中应该认真学会的。

　　考虑到很多大学生在求职过程中会换行业，"基本素质+通用技能"的积淀显得尤为重要。但是,学校里现有课程太陈旧,外面培训班收费又太高。许云骅选择了通过自学提升自己的能力。

他关注了张志老师的70man博客,学习PPT的文案策划、逻辑结构、配色排版、设计理念。他从不断模仿高手作品开始到逐渐有了自己的感悟并找到自己的风格。从课堂演讲到书评书摘,他不断地将自己对PPT的认识付诸实践。这个锤炼的过程不容易,但是结果却是值得的。

在参加"挑战杯"商业计划竞赛的时候,许云骅能在一百多页的商业计划书中找出关键,并做出充满商业思维的PPT。经过团队努力,他们的商业计划书得到了评委的认可,获得了学校银奖。

2013年春节期间,许云骅没有选择休息,而是在花费心力完成了一份《影响力》书摘PPT制作。秋叶老师帮助转发后,这份PPT获得了广泛好评,还吸引了业内的高手包翔老师(@Lonely_fish)的关注。包翔老师很欣赏许云骅对PPT的悟性和兴趣,并邀请他加入自己的公司。

回想四年来的点点滴滴,许云骅有很多的感触,但是他最大的感悟是,其实在这个世界上,最怕的就是"认真"二字。乔布斯说,Stay hungry, stay foolish,翻译成中文应该是求知若渴、虚怀若谷。对于知识和技能孜孜不倦的追求,以及对他人的肯定与学习,才是未来决胜职场的不二法宝。

Part 7

生活和习惯

作为普通人，每天坚持比别人多专注训练一个小时能让你成为专家；对有天赋的人每天坚持比别人多训练一个小时能让你成为天才。无论是哪种结果，都不坏。

也许天才的定义应该是那种自己可以为自己找到一种正确训练方法的人。这个方法也许就是所谓的好习惯。

学会控制自己的时间，击败拖延症！

拖延不是大学生才有的毛病，是全世界很多人的通病，很难治，否则不会出现那么多教人如何治疗拖延症的书。

我当年也有拖延的习惯，不到最后一刻不行动。像考试复习都是靠考前突击，每次能及格过关都觉得很幸运，然后发誓下个学期一定要改变，要上自习，结果还是好了伤疤忘了疼，到了下个学期依然是养成拖延的习惯。

之所以拖延，一个重要原因是无法立即感受到拖延带来严重的后果，所以存有侥幸心理。

我无法解决拖延症患者的问题，因为我自己都有这样的困扰。

工作后我明白一个道理：当出现不想面对的事情时，不能通过逃避解决。最好的解决方案，就是提前为这些事情做准备，虽然一开始很难，但慢慢地，你会发现，要面对的难题会变少。

很多有良好时间管理习惯的朋友解决拖延的方法是按紧急度、重要度分类，然后为事情设置完成的时间点。但这个方法很难生效，我们不是没做时间的紧急重要度分析，而是分析完了还是原地不动，这才是拖延症患者的痛。

拖延症是一个很麻烦的问题，因为知道问题却难以改变，慢慢你就会从对自己工作结果的失望变成对自己人生的失望，最后变成总是拖延，总是忧心忡忡，总是对现实无能为力。

对有拖延症的朋友，我和朋友设计了一个"时间卡片"。

什么是时间卡片？就是一页模仿明信片的PPT，在卡片上写上在某个截止时间前，想完成的一件事情。然后把这个卡片转存为图片发微博，并@一个朋友或几位好友，让他在截止时间前通过微博监督你是否完成了任务。

对普通人而言，时间管理的痛有两种：一种是没有目标；一种是有太多想法却没有时间去做。很多时候，不是没有目标，是我们订立了目标，但没有行动，这样的目标最后大都很快就被我们遗忘了。

时间卡片的实施有三个关键：

1.把你的想法写下来

写这个操作非常关键，我们把这个步骤叫内心愿望显性化。这一步我推荐手写，手写会给人一种心理暗示：这是非常正式的承诺。

2.把你的想法告诉另一位朋友

写出来的愿望只是文字，还不是承诺，除非有人知道你做了承诺。对于拖延症患者，把承诺讲给自己听是远远不够的，除非你还能讲给别人听，我们把这个步骤叫让承诺公开化。

3.让你的朋友来监督你执行

很多拖延症患者知道他要做什么，但还是拖延，这种情况可以通过"同伴教育"来改变。让选择的那位同伴监督你的行动，提前提醒你完成任务。这样，当你的承诺被置于可监督的状态时，就会变得更有行动力。

有了微博，我们这个操作就变得非常简单。可以把时间卡片做好拍照发给你的朋友，让他提前回复微博提醒你完成。如果有些任务不想让太多人知道，可以选择密友圈公开模式。

对于那些深受拖延症之苦的朋友，我推荐你们看一本书《拖延心理学：向与生俱来的行为顽症宣战》。这本书系统地解释了拖延症背后的原因。

■ 实操训练 ■

实操训练：完成一张时间卡片

时间卡片的制作非常简单，我这里分享一个PPT版本，下载地址请见@时间卡片 的主页置顶微博。

下载PPT后，可以根据你的想法任意替换内容和约定时间，然后将PPT直接发给你的朋友请他监督。

如果你有微博，也可以发微博并@你的好友，让他在卡片时间到来以前提醒你。也可以@时间卡片 ，我们会提前提醒你完成约定。

图三　时间卡片

如何培养自己的专注力？

很多同学想努力完成一件事情，但总是控制不住自己的注意力，中间不是上网就是听歌，又或者做其他事情，结果正事一拖再拖。

注意力不集中有三个可能的原因：

第一，正在进行的事情让你找不到满足感，所以需要做点别的事情寻求解脱；

第二，缺乏让你坚持的目标，自然就容易把时间放在让你开心的事情上；

第三，已经养成了碎片化的时间使用模式。

我想重点说说第三点。在移动互联网时代，很多人已经被各种邮件、短信、网页、聊天记录等新媒体培养出时时刷屏的习惯。

如果在大学养成这样的习惯，到了职场，很多人也无法改正。这种行为模式的最大特点是让人的注意力不能集中，我们随时会因为一点无关的事情打断正在进行的工作。

我在前面分享过一篇文字，告诉大家如何利用碎片时间。但是学会利用碎片时间还不够，这个世界上没有天才，任何天才在成功之前都经过了至少10000个小时（相当于7年）艰苦而专注的系统训练，这可不是碎片时间能搞定的。

简单地说，想在任何一个领域成为顶尖专家，你需要在这个领域刻意练习10000个小时，专注7年。

依据我的经验，如果你能做到每天坚持在某个方向训练两个小时，随便哪个方向，坚持一年就足够成为一名专业人士。我在2009年2月份开始学习做幻灯片，在一年之内就成为国内最有影响力的PPT"专家"，其实我不过是有那么两个月天天发疯一般做5-6个小时PPT而已。

这种刻意训练往往不令人愉快，因为它超出正常的工作强度。不过你得想想那些一流运动员，这辈子他们花在训练上的时间是远远超过比赛时间的。

不是说单调重复的训练就有意义，还得方法得当。我观察过我的小孩子练习乒乓球，需要教练经常纠正她的错误动作，才能让肌肉形成正确动作的记忆，否则无论怎样反复训练都是打野球的路子。

练习需要反馈，反馈让你感知进步。我坚持写博客也是一种获取反馈的方法。把自己学到的内容写成文字，再通过阅读读者的评论，就能找到改进自己写作的方向。为什么人能专注打游戏？不就是游戏不断提供对自己的激励，进而导致人能坚持玩下去吗？

很多同学问我为什么一直在努力学习却进展缓慢？我给你的回答是：

1. 在你学习的时间内要专注，假如不专注，你学习十个小时的质量不如专注者的1个小时。

2. 要主动寻求突破你熟悉的领域，这样才能不断获得新的经验，持续进步。

3. 一开始就要设计可观察的反馈指标。

我推广微信会天天看粉丝的增加量或者减少量，我对数字指标敏感到让一些人感到奇怪的地步。他们说有必要对数字这么敏感吗？我也不希望每个人都对数字那么敏感，这让大家压力都很大。但是要出类拔萃，你不敏感不成。持续地反馈就是一种压力源，可有几个人愿意持续面对压力？

对于缺乏专注力的朋友，我有一个训练的小建议，就是找一个感兴趣的、不需要花费很多时间、也不复杂的事情，每天坚持做，然后要求自己每次进步一点点，比如写日记、练字、跑步。坚持下去就会慢慢培养你的专注力。

作为普通人，每天坚持比别人多专注训练一个小时能让你成为专家；对有天赋的人，每天坚持比别人多训练一个小时能让你成为天才。无论是哪种结果，都不坏。也许天才的定义应该是那种自己可以为自己找到一种正确训练方法的人。这个方法也许就是所谓的好习惯。

最后推荐一本书：《哪里来的天才——练习中的平凡和伟大》。

■ **实操训练** ■

试试冥想训练

　　冥想这个词来源于梵文的DHYANA。在古代把这个词翻译成"禅"，很多人希望通过冥想训练排除内心的干扰，让自己的注意力集中。

　　人的内心可能有一种骚动，这种骚动会干扰自己的情绪，进而影响自己对目标的专注。内心的干扰往往比环境的干扰更严重，而冥想时，人们静静地坐着，将注意力集中于自己的呼吸。随着空气从鼻孔中出入，人们沉浸在自我感觉中，任凭思绪涌入脑海，又轻轻将其拂去，呼吸，拂去。

　　有研究认为训练冥想三个月，大脑分配注意的能力将得到大大提高。

　　很多成功人士都利用冥想训练找到自己内心的感觉，你也可以试试。如果有条件的话，最好请专业教练辅导，防止走火入魔，比方你可以看看《硅谷最受欢迎的情商课》。

如何制定和完成自己的计划？

有的同学还没看清楚方向就行动，就是莽撞，但是还有很多同学是做了计划，但自己的行动总是跟不上自己的决心，然后感叹计划不如变化快。

我现在工作是很有计划，但我读大学时做的计划经常半途而废，坚持一周就是奇迹。上班后，我是被单位工作安排给逼出做计划并执行的习惯。我的经历告诉自己这种制定和完成计划的能力是需要反复训练才能养成的。

为什么计划容易被放弃？很多人最大的问题不是没有计划，而是计划的目标不清晰、不坚定。长期的计划需要一个远大的目标，没有坚定目标的人做什么都容易放弃。

我们奋斗的目标是什么？有钱？有房？有车？这些可以是实现目标过程中的副产品，也可以作为一个目标。不过这些目标离大学生似乎太远。我读大学时也曾用一些零散，看起来有用的小目标填充自己的生活，锻炼、学吉他、学外语、学某项技能，让自己看起来忙碌、上进，却根本没想清楚自己的未来到底要成为什么样的人。

等我上班后，我做事的方法就不同了。在2009年进入PPT这个领域，我就决心用5-7年的时间成为中国PPT领域最有影响力的人之一，虽然当时我的PPT水平停留在复制套用模板的水平。

这个目标得付出艰苦的努力，所以我制定了一个从培训到写书，从写书到网络推广，从网络推广到地面影响力，再从地面影响力到网络影响力的长期计划。要完成这个长期计划，我要付出很多额外的时间。但是和我设定的目标相比，在5-7年内牺牲一些享受是值得的。

我是坚定地认为在人生某个阶段，必须为某个目标全力以赴，在最短的时间内做出最好的事情，才有机会走得快一点。在这个艰苦的阶段，我常常勉励自己：只有对自己没有人性，只有忍住性子耐心坚持才能有所成就。

不过，在完成PPT计划过程中，我创作了很多好玩的作品，还认识了很多有才华的朋友，这些成为我完成目标道路上的额外奖赏。这大大鼓舞了我坚持下去的决心，而且这些有才华的朋友用自己的才华激活了我的创造力，让我的计划完成得更加顺利。

我举自己的例子就是想说，很多人设置了过于长远的目标，而没有为目标设置短期激励，这就很难让目标实现。

我把制作幻灯片过程中的各种好玩的乐趣都当作短期激励，给自己一个坚持的理由。而大部分人之所以难以完成计划，只是因为他觉得计划实施了半天，但看不到进展和希望。

所以，要想坚持完成计划，你得学会两个重要的技巧：第一，明确一个要付出较多努力的大目标；第二，把目标分解成一系列小目标，这样就可以不断检查目标的进展状况才能够更好的坚持下去。

如果有可能，找到和你有一样想法的同学一起来完成目标，这会让你更加有动力地完成目标。

对于那些不知道如何采取具体方法纠正自己错误习惯的同学，建议你们看美国凯利·麦格尼格尔的《自控力：斯坦福大学最受欢迎心理学课程》。

■ 实操训练 ■

借助手机APP监督自己完成计划

华中科技大学点团队的同学开发了一款APP应用。当用户使用这个APP坚持某个习惯时，APP会让用户以赌约如"如果我没能坚持早锻炼，那么我就请大家吃饭"的方式发到社交网络上，并且@相应的好友来见证赌约。此后再通过相应的"习惯历程"，记录与闹钟提醒等方式进一步督促用户坚持习惯。

如果你担心自己的计划执行能力，可以玩玩"习惯大挑战"这款软件。

学会记账培养理财力

有的同学大学阶段就办了信用卡，花钱大手大脚，钱不够就透支，还不了就借债，或者让父母买单。绝大部分大学生是靠父母的生活费过活，不具备自己养活自己的条件。等一上班，父母切掉他们的经济来源，很多同学就会发现，一切都靠自己，离开便宜的大学食堂，交昂贵的住宿费，加上各种应酬和开销，一个月的工资远远不够用。

为了将来更好地适应职场，建议大学生提前养成一点理财的习惯，这是非常重要的财商培养。

国外有人专门做过调查，买彩票意外中大奖的人，大部分后来陷入混乱的生活。这说明，对巨额财富没有准备的人，不具备管理突然来临的巨大财富的财商。在没有能力掌控巨大财富时获得大量的财富，很容易成为金钱的奴隶。

所谓理财，不是让大家去投资，不是教大家如何赚钱。特别提醒大学生，不要相信所谓的投资发财的项目，很多传销项目在校园里到处招摇撞骗。理财的本质是培养对金钱的态度，合理分配自己的金钱。

请记住：作为一个穷学生，最需要的不是投资增值，而是在遇到风险时拥有足够的现金。穷人理财的办法是"不折腾"，喜欢折腾的人，容易高估自己的能力。

大三那年，传销很流行，我曾被同学拉去听了一场传销讲座，因为冲动买了500元保健品。我没敢马上告诉父母自己的投资，而是问做医生的爸爸能不能把这个保健品卖给医院的病人，结果被老爸臭骂一顿。没有父母推荐，我哪里有能力把保健品卖掉？让我继续忽悠同学，我下不了手。最后的代价是整整一个月，每天的午餐和晚餐是两个馒头。这件事情给我教训很大，吃一个月的馒头终生难忘啊。但从此我也明白了社会上的很多广告、宣传，对学生是不靠谱的，一个人要赚钱，先得有能力，在没有能力时，就想发财，是一种妄念。

当时传销骗子多，但一般就是开开大会，不会把学生骗到外地搞封闭洗脑，顶多骗一个月生活费；现在传销分子，不把你全部的钱骗光不收手，吃过亏的同学很多。

大学生缺钱，可以优先考虑勤工俭学，提升自我能力，将来到了社会工作，可以更快改善自己的经济环境。任何时候，请记住，大学生的首要目标是学习各种能力。

既然投资赚钱不是大学生的任务，大学生学理财，最需要学习的是如何把有限的钱用在刀刃上。

老实学会记账，这是培养财商的第一步。不清楚自己的钱是怎么花的，绝对理不好财。

记账的过程就是让大家知道自己的钱是如何分配和消费的，是否合理，进而调整自己的消费习惯，减少不必要的开销。

很多人说有钱未必幸福，没钱肯定不幸福。这话的意思是增加财富只能增加我们的安全感，或者增加我们的能力（假如你认为金钱也是一种资源，它绝对能增倍你的能力），但不能带来幸福感。

假如大家不把安全感和幸福感混淆，很多苦恼会少一点，物质上的攀比少一点。当然，如果连安全感都没有，你很难找到幸福感。

有的同学关心的不是理财，而是经济学，这方面我可以推荐你们直接啃一啃亚当·斯密的《国富论》，至于我的经济学观点受谁的影响最大呢？剧透一下，是哈耶克，新奥地利学派的大师。有兴趣大家可以多了解了解关于经济学的不同学派的观点。

◼ **实操训练** ◼

记录你一周的生活费开销

你一周的钱是怎样花的？要回答这个问题，就得做好每天的开销记录。

表十六：生活开销简易记账表		
开销类型	预期开销	实际开销
伙食费		
交通费		
通讯费		
生活费		
购物费		
购书费		
应酬费		
娱乐费		
其他		

每周对照你的预算和实际开销，如果发现有超支，请调整一周的消费预算，实现每个月的开销平衡。

另外，建议设置必须红线，有些开支不能压缩过度，比如伙食费；有些不能花销过度，比如娱乐费。有了记账的习惯，理财表会帮你慢慢建立健康花费习惯，而好的消费习惯会让你受益终身。

建议大家试试"随手记"这个APP，可以帮助你理财呢！

请留住你的好奇心和观察力

擅长独立思考的人也擅长从生活中的细节发现问题，这是一种重要的能力，这种能力和你的知识结构有关系。打一个比方，大学生读报纸，他看见的只是新闻；但编辑看报纸，能看出报纸内容导向和品位；而平面设计师看报纸，能看到报纸编排的细节。

越有多元化思考框架的人越能发现细节，而越丰富的细节越能丰富你的思维广度和深度。

好奇心使我在生活和工作中养成留意细节的习惯。

喜欢买书的朋友，有没有发现书的价格总是定义在28、29.8、35、39、49、59、69、79，你觉得这有什么门道吗？

喜欢网购的朋友，有没有留意当当网这几年赠券的发放策略一直在变化？它会导致你多花钱还是更节约成本？

升级到微信5.2版的朋友，有没有发现这个版本增加了哪些新功能？

我之所以强调这一点，是因为有三点理由：

第一，当你带着问题去读书、培训、请教高人时，才会有好的收益；

第二，很多人思考问题容易流于表面，而推进你思考深入的问题，往往很具体；

第三，生活中看不见细节的人，是没有能力培养宏观思维的。学再多的宏观思维，没有细节支撑，永远都不会有效果。

建议大家养成一个习惯，学会问一些具体的问题，任何地点、任何时刻、任何人或事，你都可以养成一个追问细节的习惯。

我很怕别人问，我该不该跳槽？请推荐一些经典书目？能不能推荐一个好PPT模板？诸如此类的问题。

你应该问：

1. 我原来是什么工作，有什么经验，现在为什么不满意这份工作，现在有一个这样的机会，好处是？你觉得我应该跳槽吗？

2. 我想系统了解下心理学，在网上搜索到几本口碑不错的书，我又没有钱都买下来，您有没有经典的书优先推荐给我？

3. 我在国企工作，马上要给领导做一次工作汇报。领导喜欢用图表说话，我想找一些好的饼图模板，但没搜到合适的，不知道你有没有好的模板推荐？

很多人提出一个问题，我会马上反问一堆问题，等他真的能把这些问题都回答了，就不需要别人指路了。

现在知道为什么很多热爱提问的人很讨厌了吧？因为他们提的问题实在是没有质量。

在等车时，我会观察不同的公交车发车间隔时间是否一样？这会导致我思考下次出行如何安排乘车路线；

我会观察卖报的报纸是否更换了品种，送什么赠品，这会告诉我群众阅读口味变化，顺便学习别人的推广模式；

我会观察等车的人是怎样读书，这会告诉我将来出版文字是写电子书好还是写口袋型的纸质书好；

我会观察等车族的手机装备变化，屏幕是否变大了？是否都习惯用耳机听？这会告诉我移动阅读的趋势，对我的微信运营有启发；

我会观察人群着装是不是档次提高了？高峰期人口是不是在增加？这会告诉我在某些地段的房产是不是更有投资价值了。

如果善于观察细节，即便是在等车，也能吸收大量的信息，发现大量的问题。有的问题你能马上想出答案，有的问题你不会马上知道答案，但一旦一个问题植入你的大脑，它就会引导你思考并找到合理的解释。

为这本书我专门给大学生开了一个答疑解惑微信公众账号，叫"秋夜青语"。这个账号早期因为没有太多的推广，基本上靠相关博文带动关注，每天也能增加20-40个粉丝，就这么不咸不淡运营了两个月。有一天，这个账号居然在一个晚上增加了500名粉丝！

我有每天观察数据变化的习惯，这个细节让我思考最近做了什么推广动作？这一天晚上七点上课前我的确做了一件事情，我给学生公布了这个账号和二维码图形，请他们用微信"扫一扫"，并告诉他们有问题需要解答可以通过微信找我。

我注意到当场有同学关注，但总人数绝对不超过三分之一。因为大学生不是人人都有手机，有手机也不是人人都是智能手机，还有不是人人都买你的账。我带的这个大班学生不到200人，当场关注的应该不超过50人，两节课时间就带来500次新增关注，这说明另有原因。

我继续观察后台的信息，发现很多人进去后按我设定的"规则"提示，一篇篇翻历史文章。

这就意味他们喜欢里面的内容，所以才会一篇篇翻到第15篇，然后他们很可能就把文章分享给朋友圈，而他们的朋友看到了，就会顺便关注我的微信账号。

否则你无法解释为什么课堂上明明只有50个人关注，下课就变成了500个关注！然后还在继续扩散！

如果这个猜测成立，就意味着大学生微信使用已经非常普及，而且拥有比成年人更强的分享意识和关注冲动！

我对这一发现非常兴奋，马上打电话告诉了几个朋友，交流其中的可能性。@萧秋水　无意一句话点醒了我，说感谢我的文章在豆瓣上推荐了她，给她带来很多粉丝。

豆瓣！

我马上登录豆瓣，发现一篇文章刚好在晚上六点被豆瓣推荐，然后带来疯狂的转发，一晚上浏览量破2万，推荐量破3000，我豆瓣新增粉丝1500。因为这篇文章我介绍了自己的微信号。

豆瓣首页推荐了，这才是真相！真巧，刚好也是六点多临上课前开始爆发，差点让我以为是大学生带来的传播力。

如果没有了解到这些细节，我可能会得出一个完全错误的结论。

现在总结下我这个思考过程的收获：

1. 要特别留意异常现象，分析异常现象背后的真正原因。

2. 在信息不足的情况下，我们常常犯简单归因的错误。

3. 如果找对了原因，能够让我们今后的工作变得更有质量。

现在回过头来看我的思考过程：

发现异常，寻找原因→反复推敲，确定真正原因→总结经验，下次复用→写出长文，强化印象→博客分享，互动启发。

很多人看到异常现象，只是停留在知道的阶段，没有思考造成现象背后的原因，或者简单用自己的经验解释，不肯相信和自己经验不符的解释，这都是独立思考的大忌。

坚持思考生活中的细节吧，你慢慢就会发现和那些不爱思考的人有很大的差异！

想象力和好奇心是紧密联系在一起的，一个有想象力的人应该好奇心也比正常人旺盛。说到想象力，想推荐一套我觉得是最好的科幻小说《三体》系列，刘慈欣的作品。

■ 实操训练 ■

观察你身边的细节

请试着回答如下问题：

1. 你们学校附近有几班公交车？每班公交车多少分钟一趟？高峰期和平时间隔一样吗？

2. 公交车站有广告牌吗？他们都投放什么类型的广告？其他公交站牌，广告内容一样吗？

3. 学校的各种海报一般留下哪些联系方式？为什么要留这些联系方式？

4. 海报的联系方式醒目吗？如果让你在大学贴海报，你会选择贴在哪里，以及如何突出你的联系方式？

野蛮你的身体

我读大学的时候，流行一句话，叫"要为祖国健康工作50年"。这句话背后的含义是，一个人的职业生涯很长，如果在半途就倒下了，那就很遗憾。

锻炼身体，要注意劳逸结合，不要熬夜，要知冷知热，不要贪凉，年轻人往往对这句话嗤之以鼻：你说得比老妈还啰嗦。

我写这本书时已经37岁，到了奔四的年龄，我承认妈妈的话是很啰嗦，但妈妈的话是对的。对的话，你还得听。

我发现大学生对自己的身体有四点特别值得注意：

第一，请按时作息。

大学课程安排不像初中、高中，总是从八点开始，十二点结束，很可能早上一、二节课没有课，老师也不一定点名查岗，所以，有的同学养成了睡懒觉的习惯。

到了大三、大四，大家早就学会熬夜打游戏，不需要早起，有的同学慢慢就养成赖床的习惯，不到十点起不来。

　　一进入职场，别人九点钟已经开始高效工作，有的同学生物钟还是睡眠状态，需要很久才能进入工作状态。以这样的状态去上班，职业起步印象分已经输了别人一大截。

　　还有的同学喜欢熬夜，年轻人能熬夜是正常的，偶尔熬个夜赶个工也是可以理解的，但是如果经常熬夜，对身体的内耗是非常大的。

　　建议同学们养成早起的习惯，养成按时作息的习惯。早起可以充分利用早上头脑清醒和安静的状态学习，按时作息能让自己的身体保持平稳的节奏。

　　第二，请按时吃饭。

　　因为生活无规律，所以吃饭也不规律。我读大学时也赖过床，后果就是早饭和中饭凑一顿吃，美其名曰今天又帮家里省钱了，其实，长此以往，肠胃功能紊乱容易得胃病，真出了毛病，一点都不省钱。

　　大学生不按时吃饭的另外一个原因是花钱没有计划，然后就挤占生活费，没钱买饭了，就省了。

　　当然也有打游戏太辛苦，不舍得浪费时间去买饭，于是就买了好多碗方便面。

　　其实，这些都是我读大学时干过的事情。但很幸运，我读研究生时，在企业做课题，企业可不允许迟到早退，研究生在企业上了两年班，初高中养成的良好生活习惯被我找回来了。

　　不过这种运气可不是人人都有，所以我只是提醒各位注意身体。

　　其实，很多事情背后都是相互联系的。总是按时吃饭说明你很可能是一个非常自律的人，这是一个非常好的品质。我觉得用人单位应该对简历上写我总是按时吃饭的人加分，因为除了自律，还可能说明你总是能在规定时间内有效完成任务，所以不用挤占吃饭时间去加班加点。

当然，也不排除你是那种一到点就放下任何事情的吃货。

第三，培养一个喜欢的锻炼方式。

很多人问我是如何锻炼的。这是一个让人受伤的话题，我是一个不爱锻炼的人。30岁以后，体能一年不如一年。

不爱锻炼是年轻时没有找到一样有乐趣的锻炼方式并坚持下来。比如跑步，养成习惯的人到哪里都爱跑步，不需要别人催促他要锻炼，不跑自己身体就难受。

要是我在大学尽早加入一项集体运动锻炼，比如球类项目，或者某些极限运动，经常参与养成了习惯，现在也许就自然有了锻炼的习惯。

有锻炼的习惯很有好处。首先，下班后可以和一帮球友经常一起玩；其次，锻炼过程中可以认识新朋友。可惜这些我都享受不到，我准备改。

第四，不要抽烟少拼酒。

大学同学之间聚会不少，有的同学模仿社会上的风气，敬烟拼酒，看起来非常热闹，显得自己很豪爽很江湖。

还有同学认为在社会上混，不抽烟不喝酒混不开，大学早点学会这些应酬将来到社会上更容易混得开。

老实承认，这些事情大学我都没有免俗。上班以后才知道，第一，不抽烟不喝酒一样可以做出成绩，这样的案例身边很多；第二，抽烟喝酒伤身体。我有一次为了做项目喝到去医院洗胃，不省人事，吊了九瓶吊针才救回来。你说我为了混社会，把身体都混丢了，这样值得吗？

同学聚会喝点酒可以理解，但过犹不及，不要强行劝酒，不要拼气斗酒，一个成熟的人不需要用酒量证明自己的能力。

美国人迈克尔·迈哈迈特出版的三本《YOU：身体使用手册》讲了很多健康常识，我觉得不错，你们要不看看？

■ 实操训练 ■

装一个跑步APP

如果你有一个智能手机，不妨装一个跑步APP，记录你每天的锻炼情况。

在APP下载市场搜索"跑步"，会发现很多健身APP，选择一个自己比较喜欢的，装上，最好选择有同伴PK的类型。每天跑步时用APP记录自己的运动量，一周做一个小结，会很有成就感的，还可以晒在微博上。

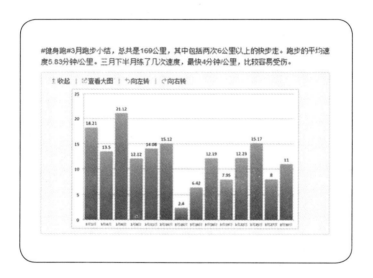

图四　晒在微博上跑步ＡＰＰ记录信息

本章
推荐

@谷月K 的故事

谷月是中国医科大的硕士生，他在2010年6月开通微博，到2011年，他每天使用微博的时间达到8-9小时，2012年10月，达到16小时。

他回忆自己2012年在微博上的行为可以用无所事事来描述：小部分时间回复别人的评论，大部分时间无聊地一遍遍刷新首页，浏览最新出现的微博。如果有让他感兴趣的外链，就点击一下打开查看。周而复始，浪费着时间和生命。

为了刷微博，他可以推迟一切可以推迟的事情，例如工作、一日三餐、体育锻炼甚至睡眠。作为一个微博重度用户，他感觉自己达到了社交网络成瘾的程度。

痛定思痛的谷月总结了微博的三大负面影响：一是影响性格，让人变得更加拖延；二是影响生活，减少了睡眠时间，缩短一日三餐时间，让人变得更宅；三是影响学习，开通微博以后，失去了读书的习惯，天天泡在微博上。

2012年11月，谷月终于痛下决心，向微博成瘾症开战，他采用的方法主要有：

1. 远离微博产品。卸载电脑上的微博桌面，在读书、外出或吃饭的时候不带手机，临睡前把手机放到远离床头的地方。

2. 转移思维焦点。想刷微博时，或者意识到自己刷微博时间太长时，他就强迫自己退出微博客户端，去做其他的事情，例如做家务或者整理书本。

3. 改变时间用途。给自己安排体育锻炼、逛街买菜等活动，挤占刷微博的时间。

4. 管理微博关注。他把自己在微博上的关注重新分了组，只在有限的时间里阅读有限的内容，读完就关闭。

这些方法综合起来起到了成效，压制了谷月的微博瘾，每天上微博的时间减少到3-4小时。但是，微博瘾有时也会复发，这时他刷微博的时间就会出现报复性反弹。

2013年3月，谷月认识了乐于助人的心理咨询师杜老师，与她联系，每周做一次心理咨询，在她的指导下，谷月采取进一步的措施。

谷月在手腕上系了一个橡皮筋提醒自己，看到它就马上退出微博客户端或关闭浏览器。

他开始用柳比歇夫式时间记录法记录自己的时间，用GTD方法管理自己的事务，让"必须做"的事情挤占刷微博的时间。

奖励激励。谷月给自己立下小目标，例如"下周如果每天刷微博时间少于三小时，就奖励自己一个小礼物"。

他阅读与自控力、拖延症相关的电子文档，用心理学理论指导自己的行动。

通过种种措施，谷月已经把每天刷微博的时间控制在三小时左右，养成了读书和体育锻炼的习惯，基本上"战胜"了微博瘾。他的下一个目标是把刷微博的时间控制在每天少于两小时，现在正在为之努力。

Part 8
个人和社会

千万不要因为融入社会时遇到不期而至的挫折和打击，就变得偏激，甚至用更恶的恶来对付那些对你不好的人。要深信这世界不完美，但依然值得我们为之付出努力。

请学会拥抱这个社会

中国的大学生在毕业之前，对社会的认识，要么是存在于自己的想象中，要么是道听途说。到了大学毕业后，很多同学对这个社会表示了极大的不适应，想辞职，想去考研。

我读大学时，也曾觉得社会很黑暗，作为一个把"正直"当作第一人生信条的人，我是最见不得社会上那些虚伪的人。

但是，上班后发现自己的想法不是真实的。人具有两面性，我也有两面性，在我的身上绝非只有正直和善良，也有不宽容和不慈悲。

一个人在描述自己的时候，难免会美化、夸大，这方面我不能免俗。所以通过文字想象一个人的生活，往往是你想象中的样子，不是完全真实的我。

我每天在博客微信上回复大学生的信，兢兢业业，坚持了六年了，不容易吧，很多人表示要向我学习，将来做一个正能量的人。

你看，网上的秋叶似乎没有一点世俗烟火气，不收钱，不图利，这不可能是完全真实的，真实的我每天都是希望自己做的事情能够被人认同，然后希望出本书能大卖，赚点稿费。因为我也得吃饭睡觉，赚钱养家。只不过我能骄傲地说，我是站着挣钱的，这钱不是靠坑蒙拐骗或者依附权力赚来的。

一个人正直还是虚伪，评价的标准是自己还是别人？如果总是用自己的标准去判断别人，那是不正确的，坦率地说我明白这个道理差不多过了30岁。

为什么我在前面学习的方法里强调要培养多维的思考框架？就是这个社会需要从多个角度观察。社会上的事情并不是简单可以用好或者坏来划分，很多问题没有绝对的对和错，不同的人站在不同的角度，会有不同的认识。

恰恰是那些不了解社会的人，容易依据看到的现象就对社会上的事情下断言，没有深入了解事情的本质就速速做结论，这恰恰是我们缺乏批判性思维的表现。

这几年，网上时不时会出现"老人摔倒不扶"的热点话题，很多人认为这反映了社会风气的沦丧。

不扶并非完全是社会风气沦丧的表现，还有其他的原因。

在有人围观的情况下，我会打电话报警，但我是不敢主动去扶的，我也害怕被"彭宇"了（假如你不了解彭宇案，可以去百度下）。不帮扶老人不能说明我们变坏了，而是不好的制度设计让做好事的人没有好报，所以不扶成了正常人趋利避害的正常心理。如果改变制度设计，愿意做好事的人会很多的。

这个社会是变得冷漠了，但我们不能因此就妖魔化一切看起来冷漠的行为。

心理学上，有一个"旁观者效应"。这个效应是说在紧急情况现场，假如旁观的人很多，大家都以为别人会对受害者提供帮助，自己就没有去帮助，结果是救助行为出现的可能与在场旁观人数成反比，即旁观人数越多，救助行为出现的可能性就越小。

我想各位假如了解这个效应，就可以让我们对人性稍微恢复一点信心。有些人是因为害怕而不敢帮扶，有些人只是误以为自己不需要去做，因为肯定会有别人去救。

很多人以为自己比别人更道德，以为自己比别人更善良，以为自己比别人更客观，可惜这些优势是靠不住的。真相是你大概不比其他人更好，当然也不会更坏。只不过在不同的环境下，有时候你展示的是让人喜欢的一面，有时候展示的是让人讨厌的一面。

进了大学，一定要找机会深入了解这个社会。学习是一种方式，阅读是一种方式，交友是一种方式，旅游是一种方式，打工是一种方式，公益是一种方式，支教也是一种方式。这些都是让你了解社会的窗口，就好比盲人摸象，只有多摸才能尽量了解全貌。

千万不要因为融入社会时，遇到不期而至的挫折和打击，就变得偏激，甚至用更恶的恶来对付那些对你不好的人。

想了解我们国家和美国对孩子的社会教育有什么不同吗？推荐一本书《美国学生社会技能训练手册》，假如你们要出国，这本书也用得上。

◼ **实操训练** ◼

找一个参加过山区支教的老生做一次采访

搜索"麦田计划",或者了解下你们大学的山区支教活动,找一位参加过活动的同学,和他约一次采访,问问他:

1. 你为什么要去支教?

2. 在支教过程中你收获了什么?

3. 支教让你对社会的认识产生了哪些改变?

和与你拥有完全不同经历的人交流,听听他们的想法,也是了解社会的一个好办法。

还能信任这个社会吗?

很多同学说这个社会太黑了,一个月生活费,甚至一个学期的学费都被骗子骗走了,心情糟糕到了极点。

我安慰说,坏事已经发生,只能接受。但要好好总结为什么被骗。把这些被骗的原因一一记下来,就当花钱买了教训。

假如上当是因为你的善良,请不要因为受骗就变得冷漠,只是我们需要更加提升鉴别骗子的能力。

在网上,不同的人对国家、社会和个人的命运有很多的讨论。这些讨论不但没有让我们变得耳聪目明,反而变得愤愤不平。有的同学看到种种新闻,特别是微博上的新闻,觉得这个社会太不公平了,怎么努力都没有用。

人类社会从来就没有实现过绝对的公平,我们顶多在人格精神和生命上享有公平的权利,但在经济和政治上,人类历史上从来就没有平等过。

弱者只会抱怨上天的不公,但强者抱怨后会用行动去改变现状。自己越强大，社会对你越公平。

只是如果有一天你强大起来，希望你能尽量公平地对待弱者。

要成为强者，就必须努力。优秀的人共同的特点是比平凡的人更努力。他们都知道努力不一定有回报，但不努力一定没回报，有回报也不一定在当下，但是人必须努力才有机会实现梦想。

只要努力了就一定有所回报，回报大小取决于你设定的目标的合理性、努力程度与努力的方式方法。有句话说得好：必须接受我们不能改变的，改变我们可以改变的。人的心态与思维方式影响人的情绪，人的情绪的确能影响人的行动。

我在教育行业待了十几年，越来越发现，寒门未必出学子。一个每日为温饱忧心的孩子，在生活的压力下，反而不能更好地学习。因为他们的生活质量影响了学习，甚至影响了心态。他们更容易因为不公平现象产生对社会的敌意，更不排除个别同学在金钱刺激下，走上过度追求物质的歧途，这比无法完成学业更可怕。穷困不可怕，负面心态才可怕。

回到开头的问题：这个世界这么黑暗，该怎么办？

如果细究历史，就知道当今的时代并不是最坏的时代，只是一个还不够好的时代。

每个人都觉得自己没有赶上一个好时代，而忘记了人来到世上的使命是为了让这个世界变得更好。凡是把自己的期待寄托在别人努力上的人，内心都充满了妄念。

想想有一天，孩子问你，生活在那个糟糕的时代，你为改善它做了点什么？

这就是我们的使命。深信这世界不完美，但依然值得我们为之付出努力。

最后推荐一本书，熊培云写的《重新发现社会》，看看他是怎么理解社会的。

◾ 实操训练 ◾

寻找你身边的正能量

有没有发现你身边一些人总是充满热情地生活？他们是怎样思考和进步的？

百度关键词"起步者十二问"，找到豆瓣链接，然后去看看各行各业起步者的故事，想一想，谁才是你的学习榜样？

没有钱也能做公益吗?

有个同学跟我说有同学生病，学校号召大家献爱心，他家庭条件不好，其实不想捐款，但大家都捐款，自己不捐款就显得没有爱心，所以还是捐了一笔钱，但生活费就紧张了。他很想知道，如果不捐款，是不是就是一个自私的人?

这是一个有趣的问题。我在单位也经常遇到这样的事情。

爱心不应该是被逼来的。用慈善的名义逼别人行善，本身就是一种恶。只有善意才能慢慢培养出善意，这种功利性慈善往往会培养出一堆借助慈善投机的人。

每个人有捐助的自由，也有不捐助的自由。没有人可以因为自己捐了款就有了道德优势去指责别人不行善，那样，行善就变成一种功利行为。

公益慈善行为应该量力而行，善心不分多寡，嘉行不分高下。做慈善不只是捐款捐物，慈善的形式本来多种多样，平民百姓之间互相帮助、互相接济，也是慈善。每个人让自己生活好，这也是慈善，因为我们不需要社会救助，就是节约了社会救助的资源去帮助其他的人。

有的人行善对回报有期待，这样的慈善也应该肯定。实际上大部分人还做不到做慈善不求回报，这回报也许就是一句"谢谢"的感恩之言。

很多人都应该有这样的经历，在公交车上给妇幼老弱让座，结果被让座的人坐得理所当然连句谢谢都没有，这种让座的尴尬，可能让你下一次就不愿意让位给妇幼老弱。

我们还应该看到在西方社会，慈善行为是受基督教文化影响的。在我们国家，富豪们的慈善行为更多受传统儒家文化影响，这里面的行为模式有巨大的差异，不能要求中国的企业一下子就能与世界接轨。

在中国，很多企业做慈善更多地是一种公益营销，甚至是一种通过从事政治上正确的事情为自己的事业和财富建立安全感的行为，但这样的慈善依然是值得鼓励的。因为一个社会善良的言行多了，才会走向积极正面。

当然，最好的慈善是低调行善。所谓低调行善，就是我帮助你，未必要你回报我，也未必要世人知道你接受过我的帮助，只需要你将来有能力时，也如我一样去帮助别人。

在中国经常可以看到这样的新闻，受资助者没有主动给资助者打过一次电话、写过一封信，更没有一句感谢的话，因此被取消继续受助的资格。

在大学，一个接受了贫困助学金的同学，一旦抽烟、喝酒、配手机、用电脑，就可能被取消受资助的资格。

一直以来，中国人对受助者普遍抱有这样的看法：

他接受了我的钱，应该给我写信言谢，否则就是不感恩；

他接受了我的助学款，就要按我设计的路线读完大学，否则就是违背了我的助学初衷。

毫不客气地说，类似这种要求受助者作出种种承诺的行为，实质是资助者自命拥有的道德高点，对受助者进行"道德绑架"和"意志依附"。

为什么受助者一定要报恩捐助者？为什么受助者一旦接受捐助就无法按照自己意志去生活或学习？为什么捐助者不想想，很多受助者其实是很不好意思让别人知道自己在接受别人帮助而不能自立？

受助者接受帮助后，依然有按自己的意志去生活的自由。接受捐助但不对捐助者做出承诺，并不意味着就是背信弃义、忘恩负义。受助者日后如能在别人帮助下，摆脱困境，拥有一份体面工作，敬业爱岗、辛勤劳动，这何尝不是回报社会？

行善应该是一个人发自内心的愿望，套用一句话："无论是贫困还是富有，无论是疾病还是健康，我都愿意尽我所能去做善事。"大凡宗教，例如佛教就鼓励人多布施。世间万物，都是菩萨分身，你不是在布施，而是在践行对佛的忠诚。

一个人立足于社会，一定要有回报社会的意识。不能说等我有能力了再回报社会，这个观念本来就是错误的，每个成年人都有能力回报社会，问题在于你想不想做而已。

过去有一句话叫"有钱出钱，有力出力"，不是说慈善就是捐款，把自己不需要的物品捐助给需要的人，为需要帮助的人做义工其实都是行善的方式。

西方国家非常强调小孩子要参加社区义工。联合国认可的民间慈善组织国际狮子会的宗旨就是强调慈善应该是志愿行为。国际狮子会的理念是，作为一个社会公民，应致力于帮助全球需要帮助的人们，亲力亲为——出钱、出力、出席、出心。不能把慈善简单等同于捐款行为，要把慈善变成自己对身边的人、社区的人长期的服务行为。

■■ **实操训练** ■■

了解社区义工慈善模式

百度关键词"狮子会""社区义工""麦田计划""立人图书馆"等关键词，了解国内一些公益活动的运营模式，了解下你们学校所在的城市有类似的公益项目可以参与吗？

微博上看到让你不平的事情怎么办？

我刷微博时，在上面经常看到各种让人愤愤不平的事情，但是大部分人都是被情绪裹胁，没有办法做到就事论事，用我的一句话就是："很多质疑和回应都不是高质量的质疑或回应，都是用谩骂回应谩骂，用立场回应立场，用情绪战胜情绪，用抱团战胜抱团。"

在人人都可以参与的网络环境里，偏偏缺少了一个重要的训练，就是建立独立思考、理性沟通的能力。没有这样的能力，你很难成为一个理性的公民。

其实，我30岁前也算是一个愤青和口水党，现在回头看当年的很多思想和言论，自己也觉得天真可笑。到了30岁我才慢慢有点理性，这让我深深体会到学会理性思维的艰难。

我一直提倡要独立思考，要尊重客观事实。特别是在网络，不要被情绪裹胁，判断一个网络热点事件应该忠于事实，不是站队抱团攻击谩骂。

比如网上有一条微博转发很高。你不知道的数据，中国人均收入世界排名：1960年第78，1970年第82，1976年第84，1980年第94，1990年第105，2008年第106，2010年第127；但中国GDP世界排名：1978年第15，1990年第10，1995年第7，2000年第6，2007年第4，2010年第2。把全中国人工资收入加在一起，除上这个国家的GDP，中国是8%，全世界最低！

但是这条微博没有告诉你1978年世界人口42亿，中国人口9.6亿，2013年世界人口70亿，中国人口13.4亿，同期中国GDP增加了90倍。我国人口在世界上的比例变少了，GDP在世界上的比例变高了，怎么会人均收入世界排名还下滑了呢？答案很简单，1964年新加坡还没有独立，1991年仅仅是因为苏联和南斯拉夫解体，世界上就多了20个国家。虽然微博最后一句可能是事实，但是前面的数据和推导明显具有误导性。

在微博上，很多大V并不是采取实事求是的态度理性讨论问题，他们更多只是挑拨民众情感扩大自己的影响力。与其说他们是公知，不如说他们是利用公知这个身份做商业化推广。时间长了，对这样的公知失望的人也很多，但是这不是真正的公共知识分子。而是伪公知而已。如果你们想问我什么是真正的公共知识分子，我可以推荐两个人：一个是顾准，一个是王小波。

大家以后看微博，不要看到风就是雨，冷静想一想，不能总是让情绪控制，一个人要走向理性就得学会先控制自己的情绪。

另外，大家学会一点宽容的心态，遇事想想魏征说的："兼听则明、偏信则暗。"这个社会就会少很多戾气，不至于任何事情都划分立场派队互掐。

　　我个人是很害怕这种不宽容的心态，非常不喜欢那种要把不同意见的人打倒说服、搞到发臭，不应该求同存异吗？

　　在当前的网络环境下，我对大家的建议是：

　　上网看到让人愤怒或着急的事情先别急着表态，请多查证下相关信息的新闻源。

　　我现在微博转发就谨慎很多，没有可靠新闻源的一般不转发。因为很多都是假的，或者无法证实的，我会先在百度上搜索，看看有无交叉报道，来印证新闻的可靠性。

　　事实上，自微博繁荣初始我就判断，在中国，微博只会助长非理性沟通，因为微博长于观点交锋，赢在语言犀利，而非提供扎实的证据和论证。

　　在140字的空间里要想获得关注，挑动情感无疑比理性分析要更见效，所以，从绝大部分人逐名逐利的本性考虑，我认为在很长一段时间内，微博只会对网络发言的非理性繁荣继续提供动力。

　　如何彻底规避微博的弊端？我个人的应对方法是把微博定义为一个分享渠道，分享自己觉得有价值的思考，这样总可以为自己沉淀一些好东西，也能帮助到一些人。

　　也许不久的将来，微博不再是新媒体，那些放弃写长博客，变成段子手的人，会很遗憾地发现，你在微博上留下的只是一地鸡毛。

　　另外如果你看到不明真相的消息时，可以去看看果壳网的"谣言粉碎机"，他们的另一个网站"科学松鼠会"我也很喜欢。我推荐你们经常去看看。

　　最后推荐一本书给你们看看，法国人勒庞写的《乌合之众》。

■■ 实操训练 ■■

如何判断一条新闻的可信度

表十七：新闻可信度判断参考表	
是谁发的?	来自大门户网站或主流媒体的官方微博，可信度加分 来自知名真人大V，可信度加分 来自草根真人大V，可信度次之 来自各种营销账户，可信度次之
消息源头是?	如果大量不同渠道媒体报道，可信度加分 来自高知名度全国性媒体官方微博，可信度加分 来自地方小报的官方微博，可信度次之 来自网络媒体的官方微博，可信度次之 没有注明出处，可信度存疑
配图	如果怀疑新闻真实性，可以把图片下载下来后上传到谷歌图片搜索引擎，看看是否是用老图片作假

做一个合格的公民

什么是公民？

能够自食其力的人算不算公民？喜欢参与社会公益活动的人算不算公民？爱思考、爱读书、不爱随波逐流的人算不算公民？知识分子算不算公民？这些人都可以是公民，但也都可以不是公民。

一个人是不是公民，定义的事情交给社会学家，但学会独立思考一定是一个人成为公民的必由之路。

培养公民不是说搞搞选举制度就能诞生。一个公民社会下的每个人都需要学会做出独立的选择和承担自己选择的后果。所谓民主制度，就是作为社会，要让每一个人有选择的自由；作为个人，要勇于承担自己选择的后果。

一个人生命的质量，不在于他享受过多少物质，而是看他为自己做过多少种选择。中国人为什么缺乏选择能力？这和我们的教育方法是有关系的。

我周边的妈妈们，从小就帮孩子选衣服，选吃的食物，选学校，选家教，选老师，选班级，选培优班，选学习方法，选教辅书，选课外读物，选成长路线，将来迟早还要帮他选工作，选房子，选老婆老公……

当你为孩子创造一切时，就在剥夺他独立思考的能力，这种能力必须通过不断做选择，不断试错来获得。

中国孩子的悲哀是被家长做主了二十几年，一毕业又突然被家长推向社会，说一切靠自己做选择。这哪里是爱，这简直是一种背叛和出卖。

用爱的名义绑架别人的选择权，这样的人不会是公民。这样的事情放到社会上，屡见不鲜。比如，我们常常看到新闻报道说，爱猫爱狗人士上高速拦截运猫运狗的货车，要求放出猫和狗，这样的人是公民吗？

我认为这不是。

一个公民首先要尊重别人的合法选择，不能因为自己占有道德优势，就可以强迫与自己意见不同的人改变选择，甚至侵犯他人利益。

劝说别人不吃猫狗没问题，劝说别人不要做猫狗生意也没问题，但如果强迫别人不准吃猫狗，这个事情和政府为了城市发展要求市民牺牲小家为大家的性质没有什么不同。**公民解决问题不是依赖暴力，而是依赖程序。**

所谓暴力并非一定要动手，一切基于威胁和胁迫的行为都是暴力。

假如贩运的猫狗是有主的，应该提供线索请公安机关打击偷盗行为；如果贩运的猫狗是没有检疫的，请工商卫生监督等部门出面，而不是让自己成为执法者。

当然，现在有关部门不作为，他们不作为，我们应该想办法逼他们作为，而不是想办法绕开正当程序去私设公堂。以为只要结果是好的，采取什么手段就都可以的做法，在历史上让我们民族吃的苦头已经够多了。

还有人说爱猫爱狗党伪善，放着那么多苦难的人类不关心，却去关心猫狗的命。难道人权高于猫狗权？

这种观点也是很有问题的，你无非是认为人权高于猫狗权，希望别人按你的意志去行动。

有个网友说得好：这世上有很大一批人，你要是救狗，他就说那么多要救的人你怎么不救？你要是救人，他就说那么多得绝症的孩子你怎么不救？

真正心存善意的人，不会假借一种善行去指责另一种善行。一个民主的社会，应该容忍有人愿意优先救人，有人愿意优先救猫狗，并容忍他们表达和展示自己的观点。不同意他们的观点，只能通过说服和程序来解决问题，而不是采取暴力或胁迫的手段。

还有网友揭发某些爱猫爱狗的人平时对父母如何不好，让女友堕胎如何不管，等等，现在跑出来做这样的事太虚伪了。

这种观点也是不妥的。一个人是很复杂的，有时候他很好，有时候他不好，甚至很伪善。一个人一辈子始终坚守一套价值观和行事原则，那叫圣人。我们都不是圣人，都在生活中摇摆和随波逐流。

所以评价一个人，最好不要随便盖棺定论，特别是从他过去的道德作风上攻击他现在做的事情。我们应该就事论事，这件事他们做得对还是不对？对在哪里？错在哪里？

不是说一个人做了坏事以后他的每件事都是错的，也不是说一个人做了很多好事、正确的事以后他就事事都对。

救猫狗这个案例可以告诉我们，做一个合格公民的艰难，因为仅仅学会就事论事评价一个人很难。

最后推荐一本刘瑜写的《观念的水位》，这本书谈到社会的理性态度。另外还有一本是何帆的《批评官员的尺度》，讲述美国社会的司法制度是如何被公民推动改革的，有空可以读读。

实操训练

组织一次罗伯特议事法则会议

百度关键词"罗伯特议事法则"，了解法则的规定，试试在班会上采用这种议事法则讨论一个主题。

学会独立思考

许多大学朋友想学会独立思考，但感觉自己遇到稍微复杂一点的问题就怎么也想不清楚。

有这样苦恼的大学生朋友们不必过度烦恼。传统的教育对培养独立思考能力是不够的，我们的教育更多是灌输知识，缺少思辨训练，能力不足是正常的。

大部分人不缺思考能力，但很多人缺独立思考能力。说一个人没有独立思考能力，不代表他没有意识，没有恨没有爱，没有思考的能力，没有在某个方面的专长。思考是进化赋予人的本能，你有我有全都有。只不过有人把思考能力发展成了独立思考能力，有人把它发展成了专业思维能力。能看出别人的思考逻辑，这是专业思考的结果，能否看出别人逻辑背后的动机，才是独立思考的结果。

不是说你敢批判一切就叫有独立思考能力。现在说自己能独立思考已经变成是一种时髦的标签。有些人以为敢于批判一切，怀疑一切就是独立思考。这样的人在网上经常说出一些极端的话，迎合者还特别多。他们不是独立思考者，而是整合网络情绪的发泄渠道。

我过去觉得自己有独立思考能力，但是可能我把专业思考能力当独立思考能力了。我曾经用很专业也很厚黑的方式考虑如何给企业的关键领导打点，好让自己获得项目中标的资格。

等我换一个场合，可能又大骂这个世界太黑暗，到处都要关系才能做事，却忘了我也是造成这种关系世界的一部分。

我这样不是独立思考，只是在不同场合选择对自己有利的标准，就是钱理群先生说的"精巧的利己主义者"。

拥有独立思考能力的人得有一个坚定价值的判断体系。你可以相信人性本善，也可以相信人性本恶，也可以相信人性本无善恶。有了这个点，很多问题才能得到合理的结论。所有的独立思考都是不独立的，得有一个判断点。

我曾经纠结过，就是因为找不到自己的价值观。我过去的价值观受到现实的影响，已经不相信原来的信仰，却又没找到新的信仰，所以我和大家一样，都纠结过。

后来慢慢找回到一部分自己，是在我多读了点杂书，接触了不同的人，去了一些不同的地方做项目，又因为有了稳定的家庭，慢慢想了很多事情，渐渐找到独立思考的感觉。到今天，我也不敢说自己就是一个总是能理性思考的人。

大学生不要急着马上证明自己有独立思考的能力，这没有必要也没有可能。更不要指望看几本热门书，就想对某个领域、某个问题、某个人提出更高明的见解，这不是独立思考，这是虚荣心。

顺便说说我自己，有很多言论虽然是我独立思考的结果，但我的发言也存在逻辑性错误或漏洞，甚至带有个人情绪的误导。我承认这点，是希望每一个人读到我的文字和观点，能批判性阅读，建立属于自己独立思考的结论。

如果我说错了，你们批评我，我承认错误；如果我坚持我的观点，你们不认可，我们求同存异；如果我是对的，你们暂时不理解，我也捍卫你发言的权利。这都是你们的自由，也是你们的权利。不因为情感，不因为立场，不因为言辞去信任一个人，对一个人来说，做到这样理性真的很难，这需要训练。

要学会独立思考，需要质疑，但是最重要的质疑在于学会自省，而不是批判他人。很多人往往误解为有了批判能力就是在独立思考。没有自省的批判能力往往导致更大的邪恶，这一点你们可以翻翻历史。

我对自己的要求是：学会独立思考是为了求真，而不是为了更有效地批判别人。求真的唯一武器是用质疑去伪，让自己更接近真理，坚守自己的信仰。

学会独立思考给我的最大财富是学会自己做判断，有了独立的判断才能自己做选择，有了自己的选择才能知道有的选择不错有的选择糟糕，但都得自己承担后果，怨不得别人。这样我就慢慢摆脱了依赖性，学会自己来掌控生活。

总是做一个理性的人是很痛苦的，所以，每个人在生命中能结识几个无需强调理性就可以打开心扉说一些心里话，发泄一下情绪的人，是非常幸运的事情。假如有这样的人，请你们珍惜。

推荐两本聊历史的书吧，吴思的《潜规则》和《血酬定律》。真实的历史有点残忍，不过吴思先生对未来有期待，我也有。

最后还有一个惊喜，请到本书配套微信"秋夜青语（微信号qyxoxoxoqy）"里回复关键词"思考00、思考01、思考02⋯⋯"，你将看到由秋叶老师和西安黄鑫老师合作开发的《学会独立思考》正在系列连载的免费教程，如果你想学独立思考，赶紧一期期去交作业吧！

▣ 实操训练 ▣
为自己的过去一年写一份有质量的总结

苏格拉底说：未经审视的生活，不值得一过。我觉得这句话还可以引申为，未经总结的思想，不值得交流。

证明一个人经常在自省的最佳方式就是看他是否经常写有质量的总结。当你开始认真总结时，就是开始思考自己和现实关系的过程。总结得越深入，有时候也越痛，痛到你想放弃总结，逃避现实。

据我观察，大部分人不是没有总结，而是不愿意花足够的时间把总结写透。比方说，看我的长微博人很多，留言说有启发的朋友很多，但结合自己工作生活做一次更深入总结的朋友很少。马上就开始行动的，更少。

总结思想的方法很多：心里默默想一想，写一句微博，写一个短心得，做思维导图，手绘图解，做PPT，写长文字，和有深度的人交流都是总结的方式。

请马上写从今天算起的过去一年，你都读了哪些书？又收获了什么？

本章
推荐

@Dian袁威　的故事

袁威是湖北省武汉人，华中科技大学2009级通信工程专业的学生。

他每天都会阅读科技行业的最新资讯，然后从中筛选十条最重要的新闻并加入自己思考后的评论，制作成《小威晚报》，发布到微博和QQ群上。

小威无意听见一位QQ群的群主说了一句："既然大家都在这个群里，为了让这个群的存在更有意义，大家都做点什么吧。"于是，他便萌生了做晚报的想法。

为了能每天筛选到晚报中最有价值的十条新闻，小威必须要获得足够的业内信息。好在这是一个信息大爆炸的时代，人们有很多渠道去接触社会的信息。门户新闻、行业论坛、某领域的专栏博客、QQ群、微博包含了大量的新闻，这些信息足以让小威知道这个社会每天发生什么事情。

随着接触到的信息越来越多，小威渐渐发现我们接触到的很多信息有真有假、有的夸大其词、有的只为挑起我们的情绪。大部分时候，我们看到的只是这个社会想让我们看到的东西。

于是，小威学会了思考，当看到某些信息时，总会多问几个为什么，思考这件事情的起因，这件事情未来会如何发展，又会产生怎样的影响。

小威觉得过去是生活在象牙塔里的学生，对这个社会的了解太少了。然而做晚报却成了小威与社会连接的桥梁。

日复一日地坚持做晚报，小威得到了和越来越多的人交流的机会，也成为了一些科技媒体的专栏作家。

虽然时常有人嘲笑小威做晚报没有任何意义，不过小威想，只要自己觉得做的事情有价值，那么就有坚持下去的意义。

Part 9
天性和信仰

我现在越来越相信这句话：当上帝给你关上一扇门时，就一定为你打开了另外一扇门。不过你要先接受关上一扇门的现实，才能抬头看见新门背后的希望。

想做一次背包客

越来越多的中国人有能力外出旅游了。他们拖家带口组团，背着单反，握着手机，走遍了世界上每一个知名景点和购物点。

这样的旅游大家越来越厌倦。现在流行的是背包客的口号：只要你有一颗行走的心，世界就在你脚下。

有些同学跟我说，大学没有出去旅游，就是枉读了大学。我只能告诉他，在我读大学时，这个想法我想都没有想过。我的大学枉读了吗？

但，我依然鼓励在有条件的情况下，去外面的世界走一走。

旅行能让人看到很多不同的文化，感受不同的风俗，甚至了解完全不同的价值观。其实，一旦你理解世界事物的多元性，思维就开始具有包容性，就不会简单地寻求标准答案。这就是旅行能告诉我的道理。

到一个完全不熟悉的地方，自己做出选择，做出承担，这样的经历对培养独立思考的能力是很有帮助的。

很多人喜欢去不同的地方旅游。对大部分同学来说，这种旅游最现实的压力其实是金钱。

我的朋友@萧秋水　学旅游专业，她偏好商业旅游，就是在去一个地方时顺便观察这个社会的商业形态。

2012年底，她去了一趟新加坡，回来继续做功课。新加坡虽然小，但是她还有很多地方遗漏掉了，于是马上又安排2013年3月再去新加坡。

这是一种很好的旅游形式，长期保持对一个地方的定期行走，近距离感受不同的城市，不同的文化，这种观察会给你带来更多知识。

很多同学是在外地读书，每年有两次回家的机会。回家路上往返的时候，你看见了什么？

我每个月都去上海，每次去上海都会乘坐地铁。在地铁站，我注意到有的门店开张了，有的关闭了，有的一直在经营，这意味着什么？在地铁站我看见海报经常换，广告载体也经常在更新，这又意味着什么？我经常因为赶时间吃肯德基等快餐食品，我会注意到肯德基的品种、价格，还有包装一直在微调，这又意味着什么？

如果不是特别赶时间，我喜欢挤公交，或者慢慢走到要去的地方。

在很多城市，博物馆、美术馆都是免费的，到这些地方参观也是一种旅游。

如果你对博物馆有兴趣的话，可以去微信回复关键词"城市地名+博物馆"，比如"武汉博物馆""北京博物馆""上海博物馆""无锡博物馆"等等，有一个小惊喜等你！

坐在家里，翻一本别人的游记，也是一种旅游。

换个角度看世界，这个世界每天都是一场探险。

推荐一本书给你们——《背包十年》。提醒一下，不是每个人都适合去做背包客的。

对了，如果想知道是谁整理出这些博物馆清单，想看背后的故事，请在微信里回复"博物馆爱情"。

▨ 实操训练 ▨

了解一点都市求生自救知识

在中国，基本上没有都市求生自救知识培训。我们熟悉的环境一旦遭遇危险，很多人都束手无策。请百度如下关键词了解相关知识：

住宅安全、自卫术、街道安全、旅行安全、恐怖主义威胁、自然灾难和社会灾难（比如雨、雪、火、洪水、闪电、电线、地震、骚乱和动荡等）、医学急救知识……

多了解一些这方面的知识，也许将来会在某种情况下救你一命。

如果你觉得找起来挺累，微信回复"都市求生自救知识"，看看秋叶老师整理的资料。

如何才能了解自己？

有一些大学生朋友容易纠结，反反复复和自己的内心交战，他们是因为自己的弱点气馁，又因为不能马上改正而失望。

其实，一个人要善于内省才能发现自我，才能倾听到内心的声音。

认识自己是接纳人性的一个通道。人年轻的时候喜欢一个词：纯洁。但真实的人性往往是复杂的，你不像自己想的那么善良，也不会像你自己想的那么不堪。每个灵魂都是"明暗相间"的。

年轻时堕落过不是一件可怕的事情，堕落也是成长。我已经37岁了，依然有许多困惑。比如，我们为什么要拥有道德？我的阅历告诉自己，人其实很容易没有底线，人的欲望往往比自己知道的要多。

我现在越来越理解人性。人性多面，环境不同，角度不同，折射出人性每一面也不同。无论好坏，都要学会完整的接纳。不要感情用事去评判一个人，人是变化的。

观察自己或别人和周围人的关系，认真审视这种关系往往告诉我自己关于成长困惑的一些真相。

比如，有的孩子把自己成长的不足归结为父母对自己从小到大的控制，进而产生对父母的怨恨。这只是其一，不要因此怨恨你的父母。

我看到弱者企图通过控制别人来证明自己的存在。其实他们的内心很容易被伤害。强者只会以宽容的心态忘记过去伤害自己的人。纠结彼此的伤害只会让伤害不断复制扩散。

最后，学会独处。

人生的许多小问题其实都是因为没有找到自己的定位造成的。没有找到自己定位的人，无论在什么时代，无论在顺境逆境，都很难有所成就。要找到定位，得不断倾听自己内心的呼唤。在热闹的环境中，人是很难听到自己的内心。

还有一个亲身体会，就是人一旦开始了解自己，就对自己的过去不满，然后特别想证明自己已经做了改变，甚至会用很极端的方式表现出自己已经和过去不一样了。后来才发现，等我最后真的改变了这些缺点，已经是很多年以后的事情了，有些缺点，其实我就从来没有改好。

成长真是一个漫长的过程，耐心才是最好的路。

关于人的大脑是否总是理性的，我还建议你们看一本书《思考，快与慢》，作者是丹尼尔·卡尼曼，也许他的观点对你们有启发。

■ **实操训练** ■

主动禁言24或48小时

　　找一个节假日，要求自己禁言，可以从4小时开始。在禁言期间，一个人静思，可以思考任何事情，但是不能接电话，不能玩手机刷微博微信，不能上网聊天，不能看电视，也不能读书看报看杂志。

　　让自己在安静的状态中慢慢接触自己的内心。

我对自己的外表不满意

有些女孩子认为自己长得不好看，很自卑，担心找工作会被歧视。还有些女孩子长得不错，就是身材普通了一些，也纠结。

上帝是公平的，没有把所有的优点都给一个人。人生很长，靠外貌吸引只是暂时的。我常常对女孩子讲，聪明的女孩子不是比罩杯，而是比脑袋。

现在很多女大学生热衷整容，通过技术手段让自己变得更美一点。这本来无可厚非，但是凡事过犹不及。有的朋友频频整容，想通过改变自我容貌来改变自我，在心理上不认同自己。这就不值得提倡，甚至需要一些心理干预。

其实，在意自己的外表，是每一个人青春期成长的必由之路。

这个话题我有一点发言权，下面就讲讲我的故事吧。

我从小就被同学、老师笑话是大舌头，还是多年老鼻炎，听力也不好，身材也因多病发育不太好，用我妈的话说怎么瘦得跟个猴似的。

因为听力不好，小学时听不清老师的发音，被喊到讲台上罚站过。

因为听力不好，初中读英语时，我从来没有听清楚过录音机里的清辅音。

因为听力不好，高中时我的外号叫"聋子"，连女孩子都这么喊。

因为听力不好，大学时因为听错别人的话闹了不少笑话。

因为听力不好，买了随身听却不敢随便听，怕听力进一步恶化。

因为听力不好，上班后手机始终是两种状态，要么静音，要么震动。

因为听力不好，从来不用闹钟，反正不指望耳朵能听见。

因为听力不好，小时候性格内向，因为言语交流不畅……

但也因为听力不好，所以爱上阅读，在阅读的想象中我是那个无所不能的勇士。

但也因为听力不好，我从来都是一个上课不认真"听"讲的学生，并学会了自学。

但也因为听力不好，让我更喜欢用文字表达自己，慢慢地文笔得到了锻炼。

后来我上班了，依然喜欢总结；总结多了，很自然地开了博客；博客写多了，慢慢开始写书，成了畅销书作者。

但因为听力不好，我在单位不喜欢咬耳朵。所以办公室政治的小道消息，我往往是最后才知道的。几年过去，爱打听小道消息的人还是爱打听小道消息，我却被大家公认为业务尖子。

但也因为听力不好，我从小就畏惧和很多人一起聊天，习惯一个人待着，用老人家的话，这小孩子读书坐得住。只要我愿意，可以一个人抱着书看一天。这个时候的我是自由的，就是在这种孤独中，我渐渐学会倾听了内心的声音，学会了和自己的心对话，学会了自省和思考。

常常想，假如我耳朵很好，是否能真正静下心来自省？是否能学会自学？是否能利用笔表达自己的想法。答案是未必。

我现在已能坦然地面对自己的不足，感谢上天给我的不完美，给我一个不完美的听力，让我学会忍受孤独，接纳有缺陷的自己，还学会用大脑去更深入地思考问题。

当上帝给你关上一扇门，就一定为你打开了另外一扇门。不过你要先接纳关上一扇门的现实，才能抬头看见新的契机。

小时候被别人笑话时，我对自己说过：不管你们怎么笑，我是不会放弃自己的。

■ 实操训练 ■

为自己拍一张找回自信的照片

用手机自拍一组照片，如果感觉拍摄效果不好，请百度"手机自拍指南"和"美化手机自拍照片"关键词，用手机为自己拍一张充满自信的照片。

友情提示：美图请适度，真实最重要。

我该入党吗?

许多同学说家长希望自己快点入党,想听听我的意见。

坦率地说,讨论是否该入党是个敏感话题。我承认大学生入党有的的确是抱着实用的态度。比如,有人也许认为党员身份找工作有优势。

很多大学生在做一件事情之前,习惯先问一句"好不好?"其实潜台词就是做这件事对我有没有实际的好处。有,就去做;没有,则敬而远之。

例如,考四六级,因为等级考试事关毕业找工作,校园里处处可见张贴着的英语培训广告,大家趋之如鹜;而像哲学人文科学则乏人问津,图书馆里,康德、卢梭、高华的著作在架上生尘,九零后大学生对其知之甚少。

有人曾经说过:"在中国,没有宗教,只有迷信。"信基督教的,祈祷上帝保佑;信佛教的,希望菩萨保佑;信道教的,祈求太上老君赐福。纯粹精神信仰而不求保佑者甚少。当然,许多人是两者兼而有之：既相信菩萨，又请求菩萨庇佑。至于平时不烧香，急时抱佛脚，跪在菩萨面前求这求那的，也大有人在。这种人压根儿就没有任何信仰，他们关心的只是自己的利益。

入党本应该是人的政治信仰选择。政治信仰与其他信仰一样，是人们对某种理论、学说、主义的信服和尊崇，并把它奉为自己的行为准则和活动指南。它是一个人做什么和不做什么的根本准则和态度。

可以相信或者不相信某种理论，但你无法做到假装相信某种理论并以此来指引你的内心。

我提倡诚实地面对自己的内心，这样无论你入或者不入党，无论别人入或者不入党，你会多一分宁静，多一分宽容。

说到政治，我推荐一本书，法国人托克维尔写的《论美国的民主》，他的另一本《旧制度与大革命》也不错，话说过去快两百年了，他的话还没有过时呢。

■ **实操训练** ■

读一读《共产党宣言》

百度"共产党宣言"，读一读《共产党宣言》，其实《共产党宣言》不仅是一份宣言，也是一篇言辞优美的文章。

内心阴暗不是你的错

有些同学说自己内心常常冒出一些连自己都不能接受的观点和想法，有时候觉得自己都快人格分裂了。

我们国家的教育就是教人要做一个好人，一个善良的人，一个有道德的人，一个大公无私的人。这种教育带来的直接后果是，每当一个人做了一件好事，就会被别人夸奖为你是一个好人。这不是夸奖，而是夸张。

做了好事的人内心不总是阳光的。面对大家的夸奖，一个人可能难以如实面对自己的内心，而不得不努力活在大家的期望中。

我们常常教育一个人内心要阳光，但是一个人内心如何才能阳光？就是要能面对自己内心的阴暗面。直到今天，我还是偶尔想一些下流的事，我曾经也纠结怎么就不能修炼成一个好人呢？

直到有一天才恍然大悟。假如我因为自己想过什么而认为自己是一个好人或者坏人，这才是悲剧。**一个人善良或者阴暗的标志不是他想了什么，而是他做了什么，没有做什么。**

没有人的内心总是阳光的，每个人的内心都有阴暗面，小时候有，青春时有，长大成人一样有。人性的本质，一半是天使，一半是魔鬼。在某些环境下，一个人可以闪耀人性中善的光芒；在某些制度下，一个人可以闪耀人性中恶的残忍。

历史已经无数次告诉我们，一个好人可以做出很糊涂的事，一个坏人也可以做出很有益的事。假如我们总是把一个人好的行为和坏的行为与他的个人品格挂钩，而不是表扬他的努力或者成就，那么赞美和批评都可能使一个人真实的人品扭曲。

一个伟大的人，就是能够客观理性面对自己的内心阴暗面，然后控制它，不让它主导自己，甚至毁灭自己。而普通人，在道德、宗教或者法律制约下，一般都能够循规蹈矩。但是内心就是内心，假如时机合适，我们总忍不住让一些小小的阴暗释放一下，这也是最常见的人性。

如实面对自己内心的阴暗面，这恰恰是维护一个人的心理健康。在中国，我们很难对家人、老师、长者倾诉自己的阴暗面，我们更多是通过对信任的朋友来释放。但是我得提醒，你信任的朋友未必都很理性，很多事情可能还是需要自己单独来处理。

了解真实的人性会让我们诚实面对人性中的阳光和阴暗，不会轻易因为自己做了件好事就以为自己将来一定是好人，也不会轻易因为自己犯了错误就认为自己将来一定就没希望。每个人都要谨言慎行，让自己努力修炼，活到老，学到老，修炼到老。明白这一点，还能让我们学会就事论事，而不是因人论事。

有一句话，我很喜欢也想送给大学生朋友们：与世俗和解而保持自我，与现实妥协而不忘突破。

另外有一本书我觉得你们都应该提前看看，虽然你们现在还不是父母，这本书叫《孩子，把你的手给我》。

■ **实操训练** ■

12集哈佛视频公开课《公平与正义》

【案例一】假设你开的有轨电车刹车失灵，突然看到前方有5个工人在铁轨上工作，他们来不及撤离。眼看着5条生命就要没了，你却同时注意到铁路有一个岔道，那里也有1个来不及撤走的工人。你的机车方向盘没有坏，只有两个选择：为救5人而杀1人，或因救1人而杀5人？哪个做法更符合正义？

【案例二】现在你不是司机，而是一个桥上的旁观者，你的身边正好站着一个超级胖子。你目睹一辆有轨电车正失去控制，就要撞向前方轨道上的5个工人，而你所在的桥恰好横跨铁路。你发现，只要把胖子从桥上推下去挡住火车，那5人就可因此得救。你同样有两个选择：为救5人而杀1人，或什么也不做，目睹5人死去。哪个做法更符合正义呢？

虽然两个案例是同样的两难选择，但人们对于正义与错误的判断却出现了截然不同的选择标准。这也反映出天性与信仰永远没有对错之分。

想听听哈佛教授是如何精彩分析这个话题的，百度"哈佛公开课：公正——该如何做是好？"即可看到视频。

做一个有底线的人很难吗？

有同学考试经常坐第一排，从不以任何方式作弊，只想通过自己的努力好好生活和学习，可周围同学都在作弊，结果努力的考不过作弊的。

这是很多诚实学习的同学会遇到的苦恼，努力学习，被人嘲笑，甚至成绩还不如作弊的好。

首先，我在大学作过弊，而且作弊这个事情有个坏处，一旦作了弊，其他课目都想作弊，不作弊，好像考试没认真考一样。

其实，有时不作弊比作弊可能还好一些。就说英语四六级，要坚信直觉，不要改，改了以后丢的分比拿的分更多，但我们往往不小心看到别人的答案（我们那个年代不分AB卷），然后就忍不住，看到正确答案又后悔自己为什么忍不住。

但很奇怪，大学之前我还真没作弊，小学、初中、高中不作弊。不是没有机会抄，教室挤，很好抄。但是我心里清楚，小考、中考、高考不敢也不能作弊，平时作弊在关键时刻只会害了自己。

一个习惯走捷径的人，其实一直在培养自己的依赖性或者投机性，他将来走上社会，也总想去寻求这样的捷径。

我还得老实告诉你，拥有这样想法的人，在现有体制下不是没有空间，而是有很大的空间，但是在一个讲究诚信的环境里，这样的人就会遇到巨大的困难。

孟子说，一个国家的君主无罪而加害老百姓，那么这个国家的精英可以离开这个国家。我想一个真正优秀的人迟早会找到适合自己发光的舞台。要明白，真正优秀的人，他的竞争对手是全世界，而不是身边的人，这是眼界，也是胸怀。

有的同学会说，大学课程本来就很无聊，作弊是为了更好学习自己感兴趣的知识，将来上班不会作弊，会凭本事吃饭。这似乎都有道理，但能始终坚持原则的人，需要有信仰的力量。

说句实话，我读大学也嘲笑过从大一坚持上自习到大四的人，其实我在内心里很佩服他的毅力。我在大学坚持写日记也被同学笑话过像个娘们。

做一个坚守底线特立独行的人不容易，关键是你要相信自己有能力不作弊也能活得很好。

说一个关于我的微博故事吧。我的微博定位是原创PPT分享。我在微博上很快就发现通过分享PPT模板是增加粉丝最快的方法，大家都喜欢这种干货。可以对比的一个数据是，喜欢通过分享PPT模板加粉的账号，现在真实粉丝都有20-30万，我目前也就是12万粉丝。不过这些分享PPT模板的账户都有一个大问题：他们分享的内容大都不是自己的原创，这是侵权的行为。

我还是选择尊重原创，不利用别人的模板为自己加粉。事实上，5年坚持下来，虽然我的粉丝不如他们多，但我的影响力更大，能量更大。大家要找原创的PPT，第一个是想到我。

这反而给我带来了大量的合作机会，像百度文库、新浪微盘、网易云课堂、腾讯大讲堂都主动和我合作。那些拿别人模板做分享的人，没有任何大媒体找他们合作。

在所有的人都去挤电梯的时候，请做一个坚持走楼梯的人。

◼ 实操训练 ◼

学会尊重知识产权

通过搜索了解，什么是知识产权，什么是版权，什么是著作权，什么是商标权，什么是专利和专利保护，什么是商业机密，以及中国加入"世界知识产权组织公约"没有？

把这些内容整理好，在4月26日知识产权日分享给你们的同学。

本章
推荐

@眼儿弯弯的梦想家　的故事

　　@眼儿弯弯的梦想家　是江苏常州江苏理工学院教育技术专业2011级的一名女学生，她一到节假日就安排自己到处旅游。

　　每次一有双休或长假，她就约同学，坐硬座，不怕在火车上熬夜，住最便宜的青年旅社，去各地旅游。每次旅游，她都提前计算考试日期，规划往返行程，提前订票，邀约同伴。她出门的行李很少，但一定有一个折叠小凳子，这样不管到哪里，累了就可以休息。

　　旅行对她而言不再是一种寻乐，更多的是一种找寻自我的过程。

　　每次旅行，她最大的快乐不是游山玩水，而是路上结识陌生人，从陌生到熟络，从信任到不舍。

　　她第一次住青旅就结识了一帮比她还爱玩会玩的朋友。他们中间有人从郑州一路搭车到九江，十几天只用了不到一百块；有人一路做沙发客，随遇而安；有人一路逃票翻山越岭，这些都是她之前从没想过也没做过的。

　　在青旅的第一个晚上，坐在炉边，连着wifi，看旅伴煮面，那种感觉，至今让她念念不忘。看到同样的年纪，同样的青春，不同的人生经历，她也从中参悟到：生命有无数种可能，每个人都有自己不同的活法，但只要每天都是快乐地遵从自己内心，那么这样的生活就是一种好生活。

她说生活还在继续，生命还没停止。今年还有很多旅行计划等着她去实现，她想去西安、想去厦门、想去湖南、想去四川、想去……想走遍这个世界的所有角落，尝遍所有世间美味。2013年，这位梦想家的梦想依然在路上。

Part 10
成长和反复

好的人生，就是在每个阶段做对做好每个阶段
该做的事，不要以为重复画圆就不是进步。
我的一个人生信条是：坚持比爆发更重要。一
个人问自己为什么还没有爆发，往往是你坚持
得还不够久。

每天不过是重复画圆

有同学抱怨每天的生活过于单调，没有任何改变，没有任何激情。

假如人生缺乏目标，你会觉得一切缺少掌控；可如果一切都如你计划，人生不过是重复画圆，你又会觉得世界缺少激情。

我的一个人生信条是：**坚持比爆发更重要**。一个人问自己为什么没有爆发，往往是你坚持得还不够久。

一个刚毕业的大学生，你能想象他有多好的理解力、阅读力、分析力、反应力、记忆力、语言力、写作力、组织力么？这里面哪一种能力不需要坚持和枯燥的训练？

凡是可以速成的技能都不值钱。有天赋的选手，也得进行长期专业枯燥的训练，才有可能成为出众的人。

这个世界上绝大部分技能，不会对你的智商有太高的要求，要做到熟能生巧，需要你反复训练。但这种训练绝对不是重复画圆。

不过学习任何专业都是有捷径的。

当提到捷径时，有两个潜台词。

第一，你看到我在走捷径，但也一定要看到我学会跑之前，先学会了走。

第二，你看到我在走直线，但也一定要看到我背负的更重。

现在耐心画圆，是为了让以后跑得更快。我加速成长大概在28岁以后。网上有人开始知道我，是在我32岁之后。即便到了今天，知道我的人也是极少数，和真正有成就的人相比，我的确还在路上，还在画圆。

愿意付出那么多年的努力，是因为我知道，没有这些积累和磨练，是没有能量实现我的梦想。耐心，是成长的最大法宝。

好的人生，就是在每个阶段做对做好了每个阶段该做的事情，不要以为重复画圆就不是进步。

有本书是凌志军在微软如日中天时候写的，《成长——微软小子的教育》，看看这些当年成功进入微软公司的年轻人的故事，你们会有启发。

其实，关于如何更好度过大学，秋叶老师给大一、大二、大三、大四，以及研究生和新生同学都写了针对性的建议，到微信里回复关键词"忠告"，你就可以看到相关的文章。

■ 实操训练 ■

去看看《三宝大闹宝莱坞》这部电影

很多国家不是把教育看作让一个人成长的途径，而是看作让一个人可以复制成功的手段。

我们常常讲教育是一种投资，不过我更希望教育是对人生的投资，而不仅仅是对职业的投资。

去看看《三宝大闹宝莱坞》这部电影，电影描述了三个年轻人在印度最著名的高校抵抗填鸭式教育，在结尾的时候，影片告诉我们：做自己想做的，追求优秀，成功就会向你脱裤子！

我为什么不能坚持?

很多大学生来信给我诉说一样苦恼: 就是不管做什么事情都容易半途而废, 不能坚持到底。

特别郁闷的是有同学说: 我发现自己以前做一件事还能坚持到最后, 现在大学了就不能坚持下去, 有什么好办法解决吗?

要坚持做一件事情, 其实是需要意志力——也就是自我控制自己行为的能力。而绝大部分人, 包括我在内, 天生都有意志薄弱的时刻, 能总是做到自我控制是很难的。

为什么这位大学生觉得自己原来能坚持而现在不能坚持, 我想他说的以前应该指高中阶段吧。我给他的答案是想想你原来为什么能坚持?

我猜测我的回答对他没有帮助, 因为很少人能从过去的经历中学到经验。除非他懂得把看起来非常简单的事情拆解成一件件相互独立的细节并加以审慎的思考。下面的文字就谈谈我的分析, 我希望除了分析坚持以外, 也让你们看到一种思考问题的模式。

高中阶段我们都比较容易坚持做一件事。一个重要的原因是我们有良好的生活，我们每天按时起床，按时上课，按时自习，按时睡觉。

在一个有规律的生活里人是容易有相对固定的受控时间去完成自己既定的目标。到了大学阶段，课表不是天天相同，生活也开始多了很多可能性，这意味着在你的生活变得丰富的同时，在你获得各种自由的同时，你开始失去你过去养成的节奏感。你开始慢慢更容易变成被不同的事情推动去行动的人，而不是坚持在固定的时间干一点什么的人。

这种被碎片化事情推动的现象，不仅仅是在大学，一直到了职场，都会越来越严重。我的第一个建议是：要养成坚持的习惯，你最好要让自己有一些固定的时间去做固定的事情的习惯。

我为什么总是建议大家做一些小事情？比如每天坚持在某个固定的时间写日记、练字、锻炼，一切你喜欢的事情都好，不需要太多的时间，哪怕就15分钟，进行宗教的祷告都好。这些小事情会慢慢形成你新的时间锚点，有了这些时间锚点，你才能在不同的环境里慢慢养成你生活中的新节奏感。有了时间节奏感的人，才能逐渐掌控自己的时间，开始为自己的目标奋斗。

有很多朋友问我每天坚持回答大学生的问题累不累？我的答案是不累。如果没有意外中断的话，我每天大概是晚上十点到十二点间才进行回复工作，虽然我要回复很多问题，但是这些问题都是集中快速回复，不需要我随时响应，而且我在固定的时间响应工作，也使我的工作保持在我能承受的节奏内，我的工作压力依然受控。

要是我养成随时看后台信息，随时看消息回应的习惯，这样会让我陷入碎片化响应的模式中，嗯，这不正是很多人刷微博的状态吗？这种模式会让你的兴趣和精力无法有效集中到一个主题上，进而导致你所有的事情都随注意力转移，而不是随意志力坚持。

大家要明白，对自己时间无法掌控的人更容易觉得累，而不是对自己时间有掌控的人，我们只是更有产出。按你的工作状态和方法做到这些产出是很累，但在我看来，我不过是在玩游戏而已。

再观察高中和大学的不同，很大一个原因在于高中的同学往往都是类似的行为模式，而大学里的同学各自兴趣不同，也许你想上自习的时候，你的好基友邀请来一盘"撸啊撸（LOL）"，这个时候你的事情重要，还是朋友之间的响应重要？

这是一个很麻烦的问题。你和什么样的人交往越多，你就越可能变成什么样的人。

在高中，因为有各种制度和外力约束，大家都被集体化成一种行为模式，往往能为某个特定的目标长期全力以赴，互相追赶激励，很多人觉得自己在高中学习过程中很有充实感，和这个环境是分不开的。

我上班以后和很多从小玩到大的老乡关系越来越淡，倒是和一些不在一个城市的朋友关系很好。我发现一个特点，我们这些玩得好的人往往是同一个生活节奏的人。

比如我的好友"萧秋水"，我们就成为一种互相激励的关系。我的进步是她努力的理由，她的灵感能推进我的工作，我们彼此成为对方的激励，最好的同伴教育。顺便说一句她也有微信公众账号，想关注的自己可以去搜。

在大学往往缺乏和你有同样目标的同伴，这也导致你很难一个人特立独行下去，毕竟人是群体性动物，很难摆脱从众的自然基因行为模式。

在一些211、985高校，为什么大家大学上自习的氛围依然浓厚？因为这里最大的行为模式就是考研和出国，或者加入优质精英社团。一旦你进入这样的学校，你很容易被这样的氛围同化，也就变成这样的人。

在高中即便你的同学不求上进，我也不太担心你不会坚持，因为班主任、家长、班委会、学校构成了一张网，为你设计好了每天的行为模式。中国的高中不如看作是一种学习集中营模式更为恰当，它的高升学率是以牺牲人的个性、人的自由意志为代价的。

但这种模式在短期内能让你在某个点上脱颖而出，所以还是有其存在的理由。到了大学，无论是班主任还是辅导员，又或者是班委会和学校，对你的管理是很粗放的，没有人天天监督你上自习，甚至是上课！

在这种环境下很多人才会发现没有外力约束，他很难建立对自己的行为控制能力。

不仅仅是大学，即便是在职场，我也是比较反对在家办公的模式。真正办过公司的人都知道，让新员工在家办公而不是集中到办公室管理，不但不会产生工作效率，往往还可能毁了一个人的职业生涯，因为他会养成很糟糕的工作习惯。

绝大部分人离开环境的约束就一无所成。想享受自由的生活前提是你自己为自己选择了某种有控制的生活。

这是像我这样经过十几年修炼的人才能勉强做到的功力。所以大家可以理解为什么考研时那么多人会去报考研班，一需要同伴环境，二也需要上课的环境。没有这个环境，他们无法约束自己的行为。

还有一位同学留言说："我是一名大一学生，从去年开始到现在我做了很多打算、计划，但是我几乎没怎么实行过，现在上课我没啥兴趣，要不看小说，要不睡觉，要不宁愿发呆，但过后我又特后悔、特纠结，我觉得自己对不起父母。在这里，我过得混沌，看不到啥希望，一味活在自己的幻想世界里，甚至我有不想念书的念头，我很烦，特烦，可是我到底该咋办？我想改变这种现状，但我要怎么做？！"

这是一个更大的问题，我们即便能够坚持，但是前提是为自己找到一个坚持的理由，或者叫目标。

高中阶段我们有一个明确的目标，考大学，而且被同伴和环境驱动去努力。到了大学，就业一时半会还很远，考研也得三年后，经过十二年艰苦求学的日子，人都想为自己放松一下，大学又不缺乏这种放松的方式。但正是在这种放松的环境中，我们想不起自己的奋斗目标了。这是第一个问题：没有目标了。

高中有一个现实的目标叫上大学，上好大学。其实大学倒是有一个现实的目标叫就业，就好业。

为了上好大学，高中发展了一套以拿分为导向的应试教育体系，虽然这套体系影响人的思维开放性，却能拿高分，所以在高中这套课程体系所有的人都认同，它能帮你拿高分。

但在大学里课程体系设置往往和让你看不到和就业这个目标的关系，它的实用性和社会现实脱节的确很严重，在学习的过程中，你往往看不到自己和就业需求之间的进展，只是感觉到自己一天天在混日子。

如果你没有办法衡量你现在离目标的距离是否更近，你就会慢慢忘记你的目标。甚至慢慢用还在学习这件事情安慰自己在接近目标，其实这是自欺欺人。

如果不自欺欺人，大学生就应该主动在大一了解自己想去的就业单位，了解他们的就业岗位，了解这些岗位对人的素质要求，主动在大一就明确自我成长的目标和实现的手段，并找到恰当的手段衡量自己的进展。这本来应该是一个好的教学体系应该做到的事情，但是在中国，你是选择抱怨国家呢，还是先去改善自己？

有的大学生倒是有这样的想法，但是依然很难坚持。为什么？在高中你遇到任何自己不能突破的困难，都有老师给你答案。但是在大学，一切似乎都没有人给你答案，或者给你太多的答案。到底哪种是你想要的？这真很难讲。

所以很多同学在走向目标的路上，往往看不清自己坚持的方向是否是对的。因为缺乏独立判断的能力，而总是怀疑自己的选择是否不是最佳的，在这种畏手畏脚的犹豫中，如果没有太多的进展，也就慢慢放弃了坚持。

还有一些同学看到了进展，但是也没有最终坚持下去。这很可能和他的性格有关。心理学家说习惯推迟满足感的人才更容易成功。

推迟满足感这个概念可能有的同学并不清楚，这里我分享一个摘抄来的故事，也许对你有启发。

不久前，一位30岁的财务分析师请求我的帮助，她想纠正在最近几个月里，总是拖延工作的恶习。我们探讨了她对老板的看法和老板对她的态度；她对权威的认识，以及她的父母的情况。我们也谈到她对工作与成就的观念；这些观念对其婚姻观、性别观的影响；她同丈夫和同事竞争的愿望，以及竞争带给她的恐惧感。尽管一再努力，但这种常规心理分析和治疗，并未触及问题的症结。终于有一天，我们进入久被忽略的一个领域，才使治疗出现了转机。

"你喜欢吃蛋糕吗？"我问。她回答说喜欢。

"你更喜欢吃蛋糕，"我接着问，"还是蛋糕上涂抹的奶油？"

她兴奋地说："啊，当然是奶油啦！"

"那么，你通常是怎么吃蛋糕的呢？"我接着又问。我也许是有史以来最愚蠢的心理医生了。

她不假思索地说："那还用说吗，我通常先吃完奶油，然后才吃蛋糕的。"

就这样，我们从吃蛋糕的习惯出发，重新讨论她对待工作的态度。正如我预料的，在上班第一个钟头，她总是把容易和喜欢做的工作先完成，而在剩下六个钟头里，她就尽量规避棘手的差事。我建议她从现在开始，在上班第一个钟头，要先去解决那些麻烦的差事，在剩下的时间里，其他工作会变得相对轻松。考虑到她学的是财务管理，我就这样解释其中的道理：按一天工作七个钟头计算，一个钟头的痛苦，加上六个钟头的幸福，显然要比一个钟头的幸福，加上六个钟头的痛苦划算。她完全同意这样的计算方法，而且坚决照此执行，不久就彻底克服了拖延工作的坏毛病。

推迟满足感，意味着不贪图暂时的安逸，重新设置人生快乐与痛苦的次序：首先，面对问题并感受痛苦；然后，解决问题并享受更大的快乐，这是唯一可行的生活方式。

其实，我们早在小时候（通常从五岁开始），就可以学会自律，避免只图眼前安逸带来的不利。例如在幼儿园里，有的游戏需要孩子们轮流参与，如果一个五岁的男孩多些耐心，暂且让同伴先玩游戏，而自己等到最后，就可以享受到更多的乐趣，他可以在无人催促的情况下，玩到尽兴方休。对于六岁的孩子而言，吃蛋糕时不把奶油一口气吃完，或者先吃蛋糕，后吃奶油，就可以享受到更甜美的滋味。小学的孩子正确对待家庭作业，是实践"推迟满足感"的最佳手段。孩子满12岁时，无须父母催促，首先做完功课，再去看电视。到了十五六岁以后，他们的实践更可以得心应手。到了青春期，他们处理类似问题，应该形成一种习惯或常态。

在心理学上有一个效应，但人为目标奋斗得到一点点进展的时候，往往会奖赏自己放纵一下下，这样就很容易让自己脱离正确的轨道。所以当你发现自己已经取得了一点点进展的话，一定要提醒自己，要继续加油，因为目标还没有实现呢！

好吧，总结一下，为什么我们不能坚持？

1.我们没有形成固定的时间节奏感。

2.我们没有找到好的志同道合者互相激励。

3.我们没有选择一个更适合目标的环境。

4.我们根本就丢失了自己真正想做的目标。

5.我们无法确定自己所作所为是否让自己离目标更近。

6.我们的性格中太多好逸恶劳的成分。

7. 我们会因为一点点小成功替代了真正的目标。

我不知道你是哪种原因造成的不能坚持，也许还有更多的原因，我想通过高中和大学的对比，让我们看到很多细节的不同，这些不同的细节恰恰影响了你现在的行为，你如果要改变，也只能针对每个细节，一点点去想办法完善。

我还是想说：每天坚持做一件小事，会改变你的性格。我建议你们不妨从按时吃早饭开始，如果你想知道为什么按时吃早饭会带来意志力的提高？

推荐你们看看《习惯的力量：我们为什么会这样生活，那样工作？》，一定注意作者是美国的查尔斯·杜希格的这一本。

慢反而能加速成功

我常给大一同学分享这页PPT，里面有三条曲线。

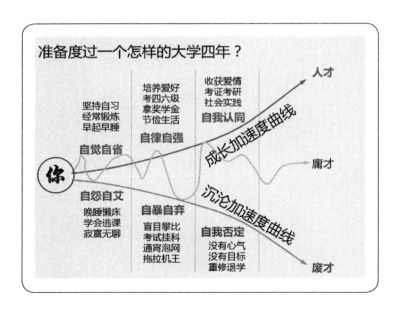

图五　你想选择哪种成长曲线？

我告诉他们，在大学，10%的学生可能非常优秀，自动自发，努力向上；10%的同学难以约束自己，放任自流；但80%的同学可能是浑浑噩噩、随波逐流，偶尔想努力，但经常半途而废。这些80%的孩子，在大学最大的困惑就是：迷茫。

很少人能够坚持走第一条成长加速度曲线，走沉沦加速度曲线的人也不多，而大部分人在缺少约束的大学环境里，变得失去目标，走的是一条上下反复震荡线。

很多学生在大学很容易把时间浪费在无意义的事情上。人要学会自己管理自己。我作为老师，有责任提醒他们少走一些弯路，这些弯路都是我当年读大学时经历过的。

大学不像高中生活有明确简单的目标。到了大学，对自己的专业不了解，对自己的未来没有规划，这些都让我们养成惰性。一名大学生在大学期间要努力让自己成为一个成熟的人，至少要在面对诱惑时控制自己的行为。

想学习进步，可今晚是去教室自习还是网吧游戏，这个动摇的念头就是诱惑；

想职场成长，可明天是睡个懒觉还是买书自学，这个摇晃的念头就是诱惑；

想身材诱人，可现在是吃个蛋糕还是节食减肥，这个挣扎的念头就是诱惑；

……

当然，一个人一辈子从来没有被诱惑击中，也不是什么值得骄傲的事情。唯有经历诱惑失控，发现自己的性格缺陷，才知道如何管理自己的弱点。

大学生常常会因为自己的反复陷入一种迷茫的状态，每天做什么事情都提不起精神，几个月都不想学习，觉得自己这样完全颓废下去就会荒废了。

我想特别谈一谈的就是，人生很长，没有人可以一直在进步。某个时段很颓废也是成长的一种方式。

有时候人不经历堕落，不会真正了解自己。堕落是了解自己灵魂中另一面的方法。但是知道如何从中站起来，不长久沉入在里面，才是最重要的。

美国苹果的创始人乔布斯年轻时也曾有过荒诞不经的生活，但他通过生活理解了人性，这为他日后建立苹果公司起了很大的作用。

绝大部分（中国）大学生并非是在大学里就找到了自己的方向，包括我。仔细回顾自己的经历，发现自己并不是一个天生意志很强的人。其实我内心很懦弱，很容易放弃，常常害怕面对现实，我经常需要鼓励。

在20岁左右时，我对前途一片茫然，不清楚未来的规划，不知道能从事什么的工作。当时老妈干着急地问我将来怎么办？要不要考研？我自觉肯定考不上，就想请姨妈帮忙找个工作算了，只要能留在武汉就行了。

我姨妈是个很有主见且有远见的人，她只说了一句话：你敢不考研？那你周末别过来吃饭了。于是，我就被迫捡起课本去复习，最后考上本校研究生。现在想想，我读研究生的确改变了自己一生的命运（这里强调只是改变我自己，大家是否应该考研要具体分析）。

读研究生时，我遇到一个好导师，导师给我安排一个在企业做项目的机会。在企业做项目实际问题很多，又没有人教，我不得不去自学。这种经历改变了我，后来我总结了几个因素：一是企业制度约束我必须打卡上班；二是获得学位，想早毕业动力驱使我努力；三是我的导师，不断给我们提问题，要我们自己解决。读研究生期间我很忙，忙的时候，很难有迷茫的时间，天天做事，能看到自己的进步，会觉得自己很充实。

工作后我就不迷茫了吗？也不是。

上班后我迷茫的时间不多，每次有点迷茫的时候，我会很快找到新目标，然后全力以赴完成它。

直到28岁，我开始主动为自己选择目标。

我已经越来越清楚自己到底是个怎样的人，想成为怎样的人。

我有自己的稳定的价值观，它会渐变，但不会突变，所以遇到任何事情，我会学会理解和应付；我对自己的价值取向越了解，就越知道哪些事情即使我再好奇再想得到，也可以放弃且不觉得可惜。

很幸运，我不但解决了生存的问题，又有了更多的时间做自己想做的事，且不受太多经济上的约束。

我现在有长期的职业规划，现在的坚持都是沿着这个规划自然延伸，至于能延伸多远，不刻意追求。毕竟我现在做到的高度（假如还能勉强称为高度的话），已经超出大学毕业时的预期。

快到37岁，我才有一点思考能力。

我很羡慕大家。因为很多向我提问的朋友才刚刚大学毕业，有的还正在读大学。如果你们肯花费一两年时间，就更容易学会独立思考的本领，不像我花了十几年时间，才懂一点独立思考的方法。

很多像我这个年龄阶段的中年人，最大的遗憾是没有早点学会独立思考。

有的同学觉得痛苦，是因为他给了自己过高的期望。一个人的进步，往往自己觉得慢，但是别人会觉得你已经很快了。你到底有没有进步，不妨问一问你信得过的朋友。

■ 实操训练 ■

读一本漫画书《我在伊朗长大》

我喜欢这部漫画，还有那部同名电影。书可以买到，电影也可以搜到。我还写了一篇影评，聊的是我期待我的女儿应该怎样成长。你们如果有兴趣可以去微信回复"我在伊朗长大"，看看我为自己的女儿成长写下的期待，有点重口味，慎入。

本章
推荐

@秦阳　的故事

　　秦阳是山西人，大学就读于陕西科技大学2009级印刷专业，他的微博粉丝在半年内就突破了一万，大家关注他是因为他经常分享PPT、PS制作教程。

　　其实，秦阳是从2011年9月接触PPT的，那个时候他连怎么往PPT里插图片都不会。接触PPT的起因是他要参加大学生职业生涯规划大赛，所以当时在参赛的"逼迫"下，他开始接触PPT这个软件。随着比赛的晋级，秦阳越来越觉得自己的PPT土得掉渣，于是准备专门花一段时间来练习PPT。在图书馆里，他借到了两本彻底颠覆了他制作PPT观念的书：一本是秋叶老师的《说服力——让你的PPT会说话》，另一本是小小老师的《PPT演示之道》。然后，他就在网上下载了大量的优秀PPT作品，开始欣赏、模仿与思考，也不断在完善练习自己参赛的PPT。最后这个答辩用的PPT让他在晋级全国总决赛时加了分！

　　比赛结束后，秦阳对幻灯片的制作产生了浓厚的兴趣，不断在网上搜罗各种PPT，一直持续了大半年，他收集的PPT加起来足足有8G。

　　为了拿下PPT，他规定自己每天看10-20个PPT。那些亮点页面制作他会专门摘出来，动手做上一遍（练习过的PPT作品加起来也有1G了）。

在做幻灯片的时他发现，很多素材不符合要求，于是决定新学习一个软件：Photoshop。与PPT学习不一样，PS的核心是练不是看，因为PS的操作远比PPT复杂。他规定自己每天用PS来练习1-2个作品。

白天，学习和社团工作比较多，所以，秦阳一般会专门抽出晚上睡觉前的时间来做。宿舍晚上十一点半熄灯，熄灯之后笔记本电脑的电量还能支撑一个小时，他会利用这一个小时继续练习。

多看、多练、多思考，这样持续了大半年，8G的PPT看完了，几个G的练习作品出来了，以前的"阳阳"成了如今的PPT高手"老秦"。

半年以后，他直接在科大的PS培训班当了老师。有时也会给一些团体做PPT的培训，在业余时间接一些设计类的私活儿，他大学的生活费完全自理，不用出去跑老远做家教了。秦阳还和舍友一块开了广告工作室，虽然没有做得很大，但也算是大学里一个非常难忘的经历。

为什么我们难以做出选择？ ／ 后 记

中国的家长非常喜欢讲两句不好的话：

1. 你怎么就不理解我，我这是为你好。

2. 我吃的盐比你走的路都多，你必须听我的。

我的看法是：

做出对自己最有利的选择是人生最重要的能力，这种能力需要反复地练习。剥夺小孩子选择的机会，就是剥夺他们这种能力成长的机会。而学会选择，会让人的一辈子少很多纠结。

在大学，应尽量为自己创造独立地选择的机会。你做了选择，就得自己承受选择的后果。每个人都需要从自己错误的选择中学习，每次的选择并非完美，但是不完美的选择才能让人学会承担。

人年轻的时候，为自己做的选择越多，经验越丰富，那么长大遇到困难时，做出明智选择的可能性越大。

听取有经验的过来人的建议很重要，但是坚持自己做选择的勇气更重要。这种勇气来自过去选择的经历，做的选择越多，就越知道如何做出选择。

关于选择的随想

1. 假如平时缺乏做选择的经验，突然面临有压力的选择，人是很难保持镇定的。

2. 即便能快速做出选择，但是发现走出第一步后，将面临更多未知的下一步，看得见方向却找不到出路的挫败感也会让人畏惧逃避。

3. 能轻易做出来的选择，其实都不是真正考验人的选择。我们不能要求现实完美，总有一种风险要选择承担。

4. 当想成为自己时，你受的第一个伤害是来自亲人不理解，第二个伤害来自你面对现实的无力感。

5. 当一个人选择成长时，往往也是选择不被人理解。因为你要走你的路，不是他们认为你该选的路，但是人只会珍惜自己付出过的选择。

6. 人生的失败是由很多选择累积的结果。一个看起来很重大的选择失误，其实和你当初做的很多小的选择有关。

7. 与其把时间放在后悔无法改变的选择上，不如想一想，现在做什么是有利的，是对自己好，是对未来发展好。一年的时间，足够改变很多事情。

8. 我从来不认为过去的选择就一无是处，有些选择是要过了很久，才会发现它的意义。

9. 人害怕改变，是因为人害怕改变后面对未知的选择；人害怕改变，是因为人害怕改变中面对真实的自己。

10. 一旦做出任何选择，就意味着你无法找借口逃避现实，必须要为任何一个选择付出百分百努力！

11. 每个人的潜意识里都会倾向选择那个暂时让人感觉到轻松的选项！当两个选择都让人痛苦时，大部分人的最佳选项就是：不做选择，假装在思考。

12. 如果有一天，你选择平淡，我能理解，因为"做最好的自己"不等于"做最强的自己"。

13. 我们的错觉往往是以为选对了某个方向风险就会小一点，但真相是，你选哪个方向，哪个方向就会成为风险最大的方向，除非你开始为它做准备。

14. 生活往往会制造很多让你想不到的意外，但最重要的，你要一直在努力。只要坚持努力，总能找到适合自己的选择。

15. 如果你实在无法做出选择，反复纠结不能自拔，我的建议是扔一枚硬币，然后按指示行动，不过只能扔一次。

16. 也许你最需要的是行动，而不是方向。

最后感谢你选择了这本书，我知道自己的唠叨并不完美，但我真心希望，这本书可以让你行动起来。

有想法，请到微信"秋夜青语"来找我吐槽，这里有很多和你一样的大学生朋友们的故事。

如果你对本书有什么更好的改进建议，或者，每一节的训练题你有更好的建议，欢迎发邮件hainei@vip. qq. com和我交流，或者给我微博@秋叶语录　发私信。

附录一

关于选择的一个故事：我给秋叶大叔当苦力

作者：@i黄琳

一、序

暑假期间，应该做些什么？

2013年6月，@秋叶　老师提出想整理出一份"大学各专业最值得读的书"的推荐书单，我积极响应。自身喜欢读书的我，觉得这件事很有意义，我觉得参与整理书单首先我自己就能受益，对各个专业建立一个学习的书籍导读地图，而且这个分享会帮助到很多想学习又不能起门而入的大学生，甚至是一切爱学习的人。

7月，苦逼考试月终于过去，我开始动手搜集书单了，我最开始想先整理出十个专业的推荐书单作为初稿交由秋叶老师审阅。

我对这个事情一开始的想法就是工作量比较大，我年轻，拼命做就好了。不过秋叶老师神秘地说：别低估这件事的难度。

果然，开始整理的过程中，问题不断出现。

比如：专业的选取标准是什么，成熟度、知名度还是热门度？专业是取大类还是细化到小类？选取多少专业比较适宜？书目的选择标准是什么，偏专业学术性质还是偏趣味性，又或者拓展视野的呢？书的口碑评判标准是什么，如何找到真正的值得推荐的好书？书目的排列顺序是什么，按照知名度还是其学科发展史，或是其他？

以我自身的学识和阅历，远不足对这些问题做出回答，拿出解决方案。和秋叶老师面对面在咖啡馆泡了一个下午，他让我知道，在互联网时代，网络就是一个绝佳的平台。在这里，你的搜商可以转化成你工作中的智商、学识、经验、阅历甚至情商等等。

秋叶老师告诉我：学会搜索，将是你进行这项工作最大的收获。然后他以一贯的屌丝姿态一本正经地对我讲：从今天起，你就是和搜商最发达的人开始工作了，一定要跟上进度喔。

这个大叔真的很讨厌。

在开始介绍我的搜集整理工作之前，我想先讲一讲我做的一个小调查。

二、前期调查

当我把这个整理专业推荐书单的想法和身边的几个朋友谈起时，没想到大家反响不错，甚至有大三大四的朋友直接告诉我：我对这个很感兴趣，如果有，我一定会去看的。大家积极的态度让我很受鼓舞，进而想进一步了解现在大学生对专业推荐书单的认识。

随后，我做了一个小小的调查。调查的对象就是我的同学和朋友，调查的问题是：你是否知道你的专业有推荐书单？

我大概把我调查的同学按专业大类划分，调查的结果显示：超过三分之二的同学没有见过《专业推荐阅读书单》！

专业	接受调查人数	知道	态度模糊	不知道
管理学类	21	6	9	6
工学类	6	0	4	2
理学类	6	1	3	2
经济学类	11	5	4	2
医学类	6	2	3	1
农学类	6	0	3	3
其他类	9	3	4	2

当然这个结果只能参考，因为接受调查的65位同学基本都是我认识的人。我是一所211高校的大二学生，接受调查的同学大部分是本校学生，非本校学生的也都是本科院校学生。调查受众选择分布可能不够合理，而且还存在专业数目少、调查的范围小、调查形式不够严谨等问题，所以只是小小的参考。

再说明一下调查中的情况。当我提出这个问题时，回复知道或者曾见到过这样的书单的人不多；直接回复我"不知道"的人也并不多；多数人之前并没有关注这件事情，当被问到时，他们回答："不太清楚，可能有吧或者应该有吧。"

而且，在调查中我发现：大学生自身并没有主动寻找学习这些东西的意识。而且，大多数人根本不知道从哪些途径获取专业推荐书单。虽然在大学课堂上会有老师推荐一些自身专业的读物，但是基本只是一两本或三五本，并没有一个较为全面的list。

这个调查更加坚定了我去完成搜集整理专业书单的想法，一则这项工作对大家学习成长实实在在有益；二则大家对此感兴趣却没有合适的途径了解。不过秋叶老师卖关子说，他有办法为大家提供一个方便查阅的途径，让我先耐心做就好。

我走了很多弯路，好在秋叶老师告诉我：**有时候最笨的方法就是最有效的方法，很多工作没有人做不是因为有多难，而是因为做的人没有耐心。**

在秋叶老师的全程指导下，对于如何获取一个专业的书单，我逐渐有了自己的搜集模式。大致是：

1. 确定所要推荐的专业

2. 了解每个专业

3. 利用关键词搜索书目

4. 合并整理，得到书单初稿

5. 初稿书目经验证筛选，得到终稿

6. 完善细节，整理格式，得到确定稿。

下面，我将详细介绍我的书单整理搜集过程。

三、确定专业

在确定专业之前，先要知道有哪些专业、专业小类和专业大类。在新浪教育频道里，一共有哲学、经济学、法学、理学、工学、农学、医学、历史学、文学、管理学、教育学、艺术学这12个专业大类。每个专业大类下有1-20个不等专业小类，共计93个。而本科专业则有600个以上。

根据秋叶老师的要求，我最多选30-40个代表性专业进行推荐，这样专业已经可以覆盖80%大学生人群。

考虑到有些大类太粗略，我选择从93个专业小类里挑选合适的专业。除了秋叶老师直接为我提供的20个左右必须有的专业外，那么，其余的应该选择的哪些专业小类会对大家帮助比较大呢？

自然是报考人数多的热门专业和发展较为成熟的经典专业。

我搜索了专业热度排行，在新浪教育专业关注度排行里共提供598个专业。面对这么多的专业，自然不免头大。按照排名顺序，我依次将前100个专业对应到其专业小类，每一个专业出现一次对应是哪一个专业小类就画"正"字的一划，这样最终按照出现次数的多少进行排序，和秋叶老师所给进行对比整合，最终确定了35个专业小类，其中特别热门的专业比如财会类、营销类也专门给出了书单。

四、了解专业

确定下来专业后，就要对每一类专业有所了解。在百度百科里输入专业名称，了解该专业的由来、发展史、发展前景等，看一看这个专业小类下有哪些专业，有哪些学派和学科类等，了解这个专业所学的主要学科和课程等问题。

了解专业的目的一是可以帮助我对该专业有较为全面而系统的认识，在书目搜索时尽快确定合适的关键词，以便迅速找到自己想要的东西；二是对专业本身的了解可以保证我给出的书单不会过于片面或狭隘。

五、搜集书目

第一种情况也就是最好的情况是在搜索框中输入"XX专业推荐书单"，直接搜索到相应的书单而且很多。比如经济学类、管理学类、计算机类、英语类等。百度文库、道客巴巴、豆丁网、豆瓣网、人人网和相应的专业网站或者博客内的文章等都有可能提供一份较为完整的书单。

通过对三十五个专业几百次的搜索，我发现百度文库内的信息较为全面可信度较高，而且每一个文档的评分也起着不小的参考意义；而道客巴巴和豆丁网给出的信息往往是相同的，打开文件时还都有广告；豆瓣网和人人网虽然不经常出现在搜索结果里，但给出的推荐常较为活泼平易，趣味性较强，与大学生学习生活都较为贴切。

而且，在搜索结果里，我们需要的信息一般在第一页中就可以找到，如果前两页都没有，那么不用找了，尝试换一个关键词重新搜索吧。

第二种情况会麻烦一点，就是按照第一种搜索方式无法找到合适的结果。比如医学类、土木类、建筑学类等。那么就要尝试修改更换搜索关键词。比如"XX专业经典书籍""XX专业必读"等。一般不采取问题的形式比如"XX专业应该读哪些经典书籍"，这样的话搜索结果一般都是问答，比如百度知道、搜搜问问、360知道、爱问频道或者论坛、贴吧等。当然这些搜索结果中不乏不错的回答，但是一般较为混杂并且有用信息量很小，就算有不错的推荐，也只是凤毛麟角。

与其花费时间从杂乱的语言中寻找少量可利用信息，不如我们换一种思路。改换关键词或者利用该专业对应的职业来搜索不失为一种好方法。比如医学类可以搜索"推荐给医生看的书""医生需要看的经典书籍"等，建筑学类可以搜索"建筑学家应该看的书""最值得建筑学家读的书"等等类似的搜索。一般情况下也可以搜索到一份较为完整的书单。

第三种情况最为麻烦，就是无论我们怎么改换类似的关键词，我们总是没有办法找到相应的书单，根本不存在这样一个现成的list。这样的专业并不少，比如材料类、自动化类、图书情报与档案管理类、测绘类等等。

对于这种情况，则需要我自己来构建一个书单体系。而往往来说，没有现成推荐书单的那些专业，总是较难给出一份书单的。这个时候，了解专业本身就变得至关重要。对材料或者自动化这样工科性质的专业，首先，了解其主要构成学科和主要学习课程，然后利用学科名称或者课程名称作为搜索关键词。更为直接的方式是在豆瓣读书或者京东商城图书频道进行搜索。

而对于图书情报与档案管理类、测绘类等偏文科性质的专业，首先了解其发展历程和对其发展具有推动作用的人物。将学科名称或该学科代表人物作为搜索关键词。当然，对于经济学、管理学、市场营销学之类具有优良发展史的学科来说，这种方法也不失为一种不错的方法。

当然，很多时候，情况并不是孤立的某一种，需要综合前面两种或者三种情况而做出全面的搜索和整理。这时就需要花费更多的时间和心力。每天晚上当我在熬夜的时候，总会想到弗罗斯特的那句诗：在我睡觉之前还有许多路要走，在我睡觉之前还有许多路要走。自己安慰自己：大师与你共勉，继续努力。

不过要说一句，每次半夜吐槽到QQ，秋叶大叔总是马上跳出来回复鼓励我，想想这个大叔一把年纪还这么奋斗，我就只好忍了。

六、整理得到书单初稿

对于上一步骤中的前两种情况来说，我们已经找到了现成的书单，接下来需要做的就是对书单的整合和初步筛选。

对现有书单进行对比审阅后，按照秋叶老师说尽量选择非通用的教材，能够弥补教材不足的书，也就是选有趣味性，能拓展大学生视野、能帮助大学生专业成长与发展的书。

对那些全部是专业教材之类的书单我直接pass，把搜集到的书单，将其复制后粘贴入Excel表格内。这时候一般会得到200本以上的书。

然后我利用Excel表格的排序功能对书名进行检查，把从两份或者三份书单里得到的重复的书进行整合和剔除。

合并重复书目，删除少部分可读性不强的书目。这项工作不需要太多思考，却耗费时间、眼力和耐心。经过这个过程，基本上只留下100-120本左右的书。至此，得到书单初稿。

对于上述第三种情况，进行反复地搜索和修改关键词再搜索后，也可以得到一份书单。之所以选择豆瓣读书和京东商城图书频道作为搜索渠道，一是因为其使用者广泛，权威性较高，可信度强；二是因为这两个渠道都有直接的衡量标准：豆瓣读书频道会对每一本书有评分，京东图书频道中每一本书的销量也是直接衡量标准。通过这一步骤得到的书单初稿一般由100本以内的书籍构成。

七、筛选得到书单终稿

我的个人水平是远远没有办法判断一本书是否专业的，秋叶大叔说他也没有这个实力。但是在大数据时代，我们可以借鉴网友的评价，秋叶大叔说请利用豆瓣解决问题。

我在豆瓣读书将每一个专业书单的每一本书进行搜索，得到其阅读人数和评分。首先，评分在8.5以上且阅读人数超过三位数的书籍一般较为经典，值得一看。同时，亚马逊和京东图书书评数也可以作为参考。

其次，出版社和出版年限对其是否经典也有侧面反映。大型正规出版社，比如：商务印书馆、人民出版社、科学出版社、机械工业出版社、人民邮电出版社、电子工业出版社、中信出版社等；高校出版社，比如：清华、北大、中国人民大学出版社等；多个出版社都有出版的加分。

出版年限在一九八几年甚至一九七几年的可以直接pass。因为一本书，如果值得一读，必定会多次印刷出版，否则，它已经基本被淘汰。

经过这样的逐本检验和交叉验证，确定下来这些书基本上可认为是最经典的和较为全面的。至此，得到每个专业30-60本不等的经典书目。

但是工作还远远没有结束，如何对这几十本书进行排序又是一个问题。经过和秋叶老师的商讨，我们决定，对于发展史鲜明的专业来说，尽量以其发展作为线索；否则，以书单内书籍的知名度排序。这对我又是一个不小的挑战，我自身所学实在浅薄，尽管通过不断地阅读和学习对专业本身的了解在加深，可是还远不足以驾驭这样一份沉甸甸的学科经典。我只能先尽力做一个基准版。

八、整理格式得到确定稿

最后的工作是对书单内书目版本的确定和书单格式的规范和统一。这一步的工作繁琐而细致，对细节的要求极高。尽管只是一些细节问题，但是正如绘画大师塞尚所说：天堂就在细节之中。我仍不敢怠慢。

两点确定一条直线，而书名、作者、出版社三点就可以确定一本书。我将这35份书单格式统一为：《书名》/ [国家]作者 /（译者)/出版社。在上面的工作中，一般都会有书名和作者、出版社等基本信息，但是有时候没有给出出版社和作者国籍等信息，这时候就需要再次搜索才能得到。

九、反思

至此，这份工作已经可以收工。但是回过头来看，获取自己专业的推荐书单还有别的途径吗？

我将自己可以想到的途径列表如下，希望可以激发大家多多思考，在生活学习的其他方面也主动发现适合自己的成长途径。

途径	特点
询问专业教师	不够全面，与老师自身偏好相关
留意专业书籍中的推荐及其参考文献	专业性强，不够全面
学院教学网站中的推荐	较为全面且权威可信
专业精品课程中的推荐	专业性强，适当拔高，适合深读

十、总结

只能说我只是先做出了一个测试版书单，大一新生开学后，秋叶老师在微信平台发布系列书单时，还需要各位有才识的老师和同学帮我们一起检验和完善，也包括扩充我遗漏的重要专业。

我相信有大家一起参与一起努力，相信这份书单将会使更多的人受益。

同时，作为百度百科华中区词条方面的负责人，我将来也会和我的百科伙伴们一起来完善相关经典书籍的词条。以供大家在百度搜索时，可以在百度百科上查阅到权威可信的信息。

因时间紧迫，后期的部分书单格式制作多有粗糙，希望大家谅解。并请大家在阅读之后提出宝贵的建议和意见，我会直接在微信平台回复您的建议，我们一起来完善这份书单。

我的微博是@i黄琳　，如果你发现有任何问题，请和我私信，我会尽快加以更正改进。

总的来说，这是一份极度耗费时间和耐力的工作。在工作的过程中，每次我精疲力竭、苦闷惆怅，向秋叶老师抱怨时，大叔总是鼓励和支持我，和我开玩笑：你不会因此成为中国的李约瑟吧。

有这样一段对话。

秋叶：为什么这样辛苦？是方法不对吗？

我（想了想）：不是方法的问题吧，只是我想把它做好。

秋叶：你是个完美主义者。

我：我不是。

秋叶：那是为什么？

我：我只是想对得起"最值得阅读的书单"这几个字。

最后，对在此过程对我先后提供帮助的人进行感谢：夏浅弥彰、帅哥-专属ID、PLEASE琳子、梁银妍、李昊、张宇翔、新新长大、罗正宗。

附录二

本书提到的阅读书目

本附录包括本书正文，推荐和小故事里涉及的各种书单，杂志还有视频，你在阅读时有注意到吗？

关注微信公共账号"秋夜青语"回复"不要书单"，或查看菜单，就可看到书单的导读链接。

1.《拆掉思维里的墙》　古典　中国书店出版社
2.《专业主义》　〔日〕大前研一　中信出版社
3.《罗辑思维》　罗振宇　长江文艺出版社
4.《棋与人生》　〔俄罗斯〕卡斯帕罗夫　中信出版社
5.《思维导图》　〔英〕东尼·博赞　中信出版社
6.《黑客与画家》　〔美〕Paul Graham　人民邮电出版社
7.《哈佛商业评论》杂志
8.《学习之道》　〔美〕乔希·维茨金　中国青年出版社
9.《心理学导论》　〔美〕丹尼斯·库恩　中国轻工业出版社

10.《心理学的邀请》　〔美〕Dennis Coon等　北京大学出版社

11.《自我·群体·社会》　〔美〕道格拉斯·肯里克等　中国人民大学出版社

12.《学会提问》　〔美〕布朗等　中国轻工业出版社

13.《看见》　柴静　广西师范大学出版社

14.《思维的版图》　〔美〕理查德·尼斯贝特　中信出版社

15.《越读者》　郝明义　人民文学出版社

16.《失控》　〔美〕凯文·凯利　新星出版社

17.《金字塔原理》　〔美〕芭芭拉·明托　南海出版社

18.《如何阅读一本书》　〔美〕莫提默·J.艾德勒　商务印书馆

19.《迷人的谎言》　崔卫平　中国华侨出版社

20.《如何掌控自己时间和生活》　〔美〕阿兰·拉金　金城出版社

21.《公正》　〔美〕迈克尔·桑德尔　中信出版社

22.《象与骑象人》　〔美〕乔纳森·海特　浙江人民出版社

23.《有了博士学位还不够》　〔美〕P.J.费贝尔曼　复旦大学出版社

24.《创业的36条军规》　孙陶然　中信出版社

25.《影响力》　〔美〕罗伯特·西奥迪尼　中国人民大学出版社

26.《拖延心理学》　〔美〕简·博克　中国人民大学出版社

27.《哪里来的天才》　〔美〕杰夫·科尔文　中信出版社

28.《硅谷最受欢迎的情商课》　〔新〕陈一鸣　中信出版社

29.《自控力:斯坦福大学最受欢迎心理学课程》　〔美〕凯利·麦格尼格尔　印刷工业出版社

30.《国富论》　〔英〕亚当·斯密　人民日报出版社

31.《三体》系列　刘慈欣　重庆出版社

32.《YOU：身体锻炼手册》系列　［美］迈克尔·罗伊森
江苏科学技术出版社

33.《美国学生社会技能训练手册》　［美］达林·曼尼克斯
天津社科院

34.《重新发现社会》　熊培云　新星出版社

35.《乌合之众》　［法］古斯塔夫·勒庞　中央编译出版社

36.《观念的水位》　刘瑜　浙江大学出版社

37.《批判官员的尺度》　［美］安东尼·刘易斯　北京大学出版社

38.《潜规则》　吴思　复旦大学出版社

39.《血酬定律》　吴思　四川人民出版社

40.《论美国的民主》　［法］托克维尔　湖南文艺出版社

41.《旧制度与大革命》　［法］托克维尔　商务印书馆

42.《共产党宣言》　［德］马克思、恩格斯　中央编译出版社

43.《成长微软小子的教育》　凌志军　湖北人民出版社

44.《背包十年: 我的职业是旅行》　小鹏　中信出版社

45.《思考，快与慢》　［美］丹尼尔·卡尼曼　中信出版社

46.《PPT演示之道》　孙小小　电子工业出版社

47.《习惯的力量》　［美］查尔斯·杜希格　中信出版社

48.《我在伊朗长大》　［伊朗］玛赞·莎塔碧　三联书店出版社

49.《学会独立思考》　张志　九州出版社

50.《说服力：让你的PPT会说话》　张志等　人民邮电出版社

51.《你的生命有什么可能》　古典　湖南文艺出版社

52.《声音与愤怒》　张铁志　广西师范大学出版社

53.《菊与刀》 〔美〕鲁思·本尼迪克特 商务印书馆

54.《当我谈跑步时，我谈些什么》 〔日〕村上春树 南海出版社

55.《胡适口述自传》 胡适 安徽教育出版社

56.《野火集》 龙应台 文汇出版社

57.《孤独六讲》 蒋勋 广西师范大学出版社

58.《写作这回事》 〔美〕斯蒂芬·金 上海译文出版社

59.《我纷纷的情欲》 木心 广西师范大学出版社

60.《赖声川的创意学》 赖声川 广西师范大学出版社

图书在版编目（CIP）数据

不要等到毕业以后 / 张志著. --北京：九州出版
社，2014.4（2015.8重印）

ISBN 978-7-5108-2937-6

Ⅰ. ①不… Ⅱ. ①张… Ⅲ. ①大学生－学生生活
Ⅳ. ①G645.5

中国版本图书馆CIP数据核字（2014）第081688号

不要等到毕业以后

作　　者	张　志　著
出版发行	九州出版社
出 版 人	黄宪华
地　　址	北京市西城区阜外大街甲35号（100037）
发行电话	（010）68992190/3/5/6
网　　址	www.jiuzhoupress.com
电子信箱	jiuzhou@jiuzhoupress.com
印　　刷	三河市中晟雅豪印务有限公司
开　　本	870毫米×1230毫米　32开
印　　张	9.75
字　　数	210千字
版　　次	2014年7月第1版
印　　次	2015年8月第2次印刷
书　　号	ISBN 978-7-5108-2937-6
定　　价	32.00元

关于秋叶

我是湖北黄冈人，本名张志，网上被大家喊做秋叶大叔。我出生于1976年，人生已经从不甘心被大叔，到不折不扣进入大叔一族。

1993年我参加高考，发挥一般，只进了当时还是二本的武汉钢铁学院（现更名武汉科技大学）。大学四年我没有发愤图强，更多是随波逐流，大四时怀着对前途的忐忑不安，加入考研一族。

我不敢考名校，知道自己考不上，于是报了母校（当时母校刚刚开始招研究生，也因此有机会被母校破格录取）。读了研，我有心发奋，却无力奋起，直到读研第二年被导师送到广东企业博士后流动站做课题。这个安排成了我人生重要转机，在企业我学到两点，第一要按时作息；第二要学会自己思考和解决问题。也正是在企业两年养成两点习惯，让我开始人生的逆袭。

2000年我毕业，按常规我应该继续留在广东发展，按自己设想也应该好好努力奋斗到30岁再考虑个人问题，结果就在这一年3月初通过相亲认识现在的老婆，半年后我义无反顾回到武汉，连双方父母的门都没有拜，我们就领了证。

那年我24岁，辞了工作，身无分文，连在广东买的一个微波炉都舍不得扔，带回武汉，开始新的生活。

万幸我在武汉顺利找到工作，跨行成为一名IT项目经理，开始全国跑的项目实施经历。

2002年太太怀孕，受不了一个人在家的孤独生活，她替我留意武汉高校招聘信息，机缘巧合我进了武汉化工学院（现更名武汉工程大学）任教，教机械制图，一直到今天。

离开公司后，公司老总觉得我做事还不错，先是邀请我去帮忙做一个信息化网站，后来干脆被同事推荐回公司兼职做中层，带团队管控项目，居然一路兼到了2006年底。

这近7年的IT行业经历极大地锻炼了我的抗压能力，也真正培养了我的职业技能。这些心得体会后来我写到《超越对手——大项目售前售后30种实战技巧》一书，一直到今天，我都认为这本书里讲的才是我的安身立命核心技能。

2007年我开始帮朋友的职业教育公司招生，因此得以接触营销，两年时间我尝试了各种营销手段，也包括为了招生不得不做一些PPT。

2008年底，正因为我比同事更早用2007版Office去做PPT，效果比较出彩，被学校领导认为是高手，点名去做申博PPT。借这个机会我被迫深入研究了一下PPT，水平倒也真有提高。

2009年初上海刘俊老师通过博客找到我，问我能否讲PPT课程，并开出了一天5000元的天价，我毫不犹豫答应了，这可是我当时快三个月工资收入啊。我用心准备培训，最后居然获得客户认可。

丰厚回报激励我下决心好好研究PPT。一研究发现高手如云，自己是坐井观天，从此开始通读高手博客，模仿高手作品，尝试发布自己的作品到博客和微博，慢慢积累自己在PPT领域的个人品牌。

因为我分享的一些PPT作品，被我的编辑佳少注意，他邀请我写PPT图书。我又一次不知天高地厚，一口答应。思考下来我决定运用PPT思维写一本PPT入门书，这就是《说服力：让你的PPT会说话》。这本书2010年出版后一炮而红，从此我微博粉丝、内训课程随销量同步增长，我的个人品牌发展进入良性循环，后来我保持一年一本书的节奏，出版了《说服力：工作型PPT该这样做》《说服力：教你做出专业又出彩的演示PPT》《和秋叶一起学PPT》。这几本书内容各自不同，口碑都很好，我渐渐在PPT圈拥有了自己的影响力，也带出了一大批小伙伴。

2013年年初我判断在线教育是未来的趋势，加上微信公众号运营很成功，我邀约了一批核心小伙伴一起开发在线课程，在网易云课堂上销售，这就是2013年11月11号正式发布的《和秋叶一起学PPT》课程，这个课程结合我内训课件八次升级的经验，自信抓住痛点简单好学，果然走红。截止2015年6月30号课程学员已经超过15000人，其中60%是大学生。PPT课程成功激励我陆续指导小伙伴推出了Excel、Word、信息图表、高颜值PPT进阶课程，这些课程都取得了成功，我也指导我的学生成立了大学生创业公司，专门负责在线课程运营。

从2007年做职业教育招生开始，我就心怀一个梦想，要帮助中国大学生尽快学会独立思考。所以在教学、内训、写作和创业之余，我一直坚持通过博客、微博、微信给大学生答疑。超过8年的答疑生涯让我越来越了解普通大学生的所思所想，我把他们担心的问题写成了《不要等到毕业以后》这本书。

这本书自2013年一出版就受到很多辅导员和同学认可，答疑工作也找到像黄鑫、胡晓、苏航、卢红振、白春雷、耿石艳等老师和小伙伴支持。结合答疑经验我们又出版了《不要等到毕业以后：答疑篇》《学会独立思考：学习篇》《轻松学会独立思考》。这四本书构成了我们对大学生活的完整看法，我们相信看过这四本书的同学会感受到我们的诚意。

2015年我做了一个疯狂的决定，我决定给部分高校新生每个寝室送一本《不要等到毕业以后》，这个活动得到团省委和很多高校支持，我只有一个想法——希望每一个大学生都成为爱阅读、爱思考、爱行动、爱总结、爱分享的人。

很多人支持我这么做，也有很多人不理解，因为送书的成本的确不低，也不知道你们是否会看我的书。

所以，最后我有一个小小请求，如果你看过我的书，觉得对你有帮助有启发，请扫一扫右边二维码，告诉我。

你的举手之劳，是我坚持的力量。

扫码就可向@秋叶 大叔提问
有问必答！